Thérapie de Régression Avancée

Transformer
L'ÂME ETERNELLE

Publié par Andy Tomlinson

Contributions de membres de la
Spiritual Regression Therapy
Association

Publié par : From the Heart Press:
Première Publication : 2011
Seconde Publication : 2013
Traduction française : 2015

Site internet : www.fromtheheartpress.com

Text copyright: Andy Tomlinson
ISBN: 978-0-9929248-0-5

Tous droits réservés. Excepté pour citations de brefs paragraphes dans des articles ou revues critiques, aucune partie de ce livre ne peut être reproduite d'aucune façon sans la permission préalable des éditeurs.

Les droits d'Andy Tomlinson en tant qu'éditeur ont été établis conformément au Copyright, Designs and Patents Act 1988.

Un enregistrement de ce livre au CIP (Cataloguing-in-Publication) de la British Library est disponible.

Design: Ashleigh Hanson, Email: hansonashleigh@hotmail.com

Titre original en Anglais : *Transforming the Eternal Soul*
Traduction : Michèle Chouan - e-mail : michele@coach2inspire.com

Pour plus d'informations sur les thérapeutes qui ont contribué à ce livre : www.regressionassociation.com

Pour plus d'informations sur Andy Tomlinson et les formations en thérapie de régression : www.regressionacademy.com

Contenu

AVANT-PROPOS 1

INTRODUCTION 3

1. INTEGRER ET ALLER DE L'AVANT 9
   DE REENA KUMARASINGHAM

   Se reconnecter à ses forces intérieures; Etudes de cas; Se connecter au Soi Divin; Aider les clients à aller de l'avant (se fixer des objectifs, ancres olfactives à bases d'huiles essentielles; futurisation; gratitude); Approche intégrative de la guérison.

2. TRAVAILLER AVEC LES ENERGIES
   SOMBRES 35
   DE ANDY TOMLINSON

   Qu'est-ce que l'énergie sombre? Etude de cas; Contrôle intuitif indépendant; Nettoyer l'énergie sombre des clients (permissions, vérifications, protection du thérapeute, créer des Portails Energétiques et des Liens Energétiques, nettoyer l'énergie sombre, vérification finale et fermeture); Nettoyer les énergies sombres à distance; Nettoyer un bloc d'énergie chez un client.

3. GUERIR L'ENFANT INTERIEUR
   SPIRITUEL 65
   DE HAZEL NEWTON

   Principes fondamentaux; Les archétypes de l'enfant intérieur; Le soin traditionnel de l'enfant intérieur; Etudes de cas; Le point de vue spirituel; Techniques de guérison spirituelle de l'enfant intérieur (régresser à la source du problème, transformation, intégration); Guérison du bébé intérieur.

4. THERAPIE DE REGRESSION DANS LA PRATIQUE MEDICALE 101
de Peter Mack

Mon chemin; Guérison holistique; Etudes de cas (problèmes gastriques intraitables; syndrome du côlon irritable; vertige; eczéma et hyperhidrose).

5. TRAVAILLER AVEC DES CLIENTS DIFFICILES 125
de Tatjana Küchler

Clients distants et inaccessibles; Clients résistants; Expliquer l'hypnose et la régression; Tests de susceptibilité (le citron, le livre et le ballon, les paupières fixes, les doigts magnétiques); Inductions rapides; Inductions spontanées (doigt au front, compte raccourci); Emotions bloquées (le pont affectif, confrontation avec un personnage de la vie courante, ce que l'émotion nous dit). Régression avec les yeux ouverts.

6. UTILISER LES CRISTAUX EN THERAPIE DE REGRESSION 133
de Christine McBride

Préparation avant l'arrivée du client (élever la vibration du thérapeute, élever la vibration de la pièce, se préparer pour le client); Techniques de cristaux pour la séance de thérapie (calmer le client durant l'entretien, relaxation initiale, enracinement, nettoyage des chakras, scanner avec un pendule, information de source élevée, retour et centrage, réconfort et lissage) ; Entretien final; Après la séance (nettoyage de la pièce, nettoyage des cristaux); Techniques de cristaux pour le thérapeute (équilibrer, nettoyer, alléger, nettoyer les chakras).

7. VALORISER LE CLIENT 175
de Chris Hanson

Créer des ancres puissantes; Etudes de cas ; Calmer les émotions (tapotements sortants); Intégrer des ressources positives (tapotements entrants).

8. SURMONTER UNE URGENCE SPIRITUELLE 197
de Janet Treloar

Compréhension de l'urgence spirituelle dans l'histoire; Causes de l'urgence spirituelle; Mysticisme et psychose; Identifier une urgence spirituelle; Ma propre urgence spirituelle; Techniques et stratégies (normaliser l'expérience, interrompre la pratique spirituelle, nettoyer les énergies intrusives, gestion de l'énergie, ouvrir et fermer, garder les pieds sur terre, être attentif, créer un environnement sécurisant, quand utiliser la thérapie); Etudes de cas; Et après.

BIBLIOGRAPHIE 257

AVANT-PROPOS

J'ai rencontré Andy en 2003, alors que je venais faire connaissance avec l'idée de régression dans une vie passée, dans le cadre de la recherche que j'avais effectuée pour le livre original *Book of the Soul (Le livre de l'Âme - non traduit en français)*. Je n'ai alors pas perçu que ce thérapeute extrêmement doué - qui me guidait calmement dans le processus de me faire arracher les ongles durant une séance de régression dans une vie passée qui se déroulait lors de l'Inquisition - deviendrait un ami proche et un collègue qui ouvrirait de nouveaux horizons dans ma vie. Nous poursuivîmes notre collaboration sur plusieurs ouvrages, et, avec le bénéfice du recul, il est devenu clair que nous avions plannifié tout cela au niveau de nos âmes.

Cependant, il s'est passé quelque temps avant que je ne considère la possibilité de devenir moi-même un thérapeute en régression. Je pensais que mes forces résidaient dans l'obstination, et la recherche analytique guidée par mon cerveau gauche. Mais Andy et ses collègues exceptionnels à la *Past Life Regression Academy (Académie de Régression en Vies Passées)* ont ouvert mes yeux sur le fait que je pouvais aussi apprendre à "venir du coeur et non de la tête", et mêler les conseils théoriques à l'aide individuelle pratique. En tant que thérapeute qualifié, je suis maintenant honoré de pouvoir utiliser une boîte à outils aussi puissante pour aider ceux qui ont besoin de soigner la myriade de traumatismes qui font partie de notre expérience terrestre.

Mais une règle clé de l'Académie est "soigne-toi d'abord", comme ça devrait l'être pour n'importe quelle formation professionnelle en thérapie. Et ce sont la réalisation et le l'agrandissement de soi, consécutifs au travail de faire face à ces aspects "plus bas" ou moins développés de soi, qui font de la formation avec la *Past Life Regression Academy* une expérience extrêmement enrichissante, du point de vue de la réalisation personnelle. Cela vient s'ajouter au fait que nous tous, diplômés, avons rencontré des amis exceptionnels lors de ces formations. Tout cela grâce à la façon avec laquelle Andy et ses enseignants réussissent à équilibrer professionnalisme absolu et environnement chaleureux et encourageant. Se former avec eux est un travail exigeant, comme tout ce qui en vaut la peine, mais c'est aussi une sacrée partie de plaisir.

En tant que diplômé de cet enseignement, je sais d'expérience combien il est important de continuer à avancer et à apprendre de nouvelles techniques. Bien qu'il y ait des blocs fondamentaux dans la Thérapie de régression, comme le dit Andy dans *Healing the Eternal Soul (Guérir l'Âme Eternelle - disponible en français courant 2015)*, lui – et les Anciens – la voient clairement comme une plateforme centrale et dynamique à laquelle de nombreuses autres modalités thérapeutiques peuvent venir se greffer. Ainsi, ce volume de suivi est conçu pour expliquer quelques unes de ces techniques complémentaires, et comment elles sont intégrées par une certain nombre de diplômés de l'Académie. Leurs contributions témoignent de cela et également des talents exceptionnels que l'Académie attire.

Ian Lawton
Mars 2011

Introduction

Andy Tomlinson

*Une joie, une dépression, une méchanceté,
une prise de conscience momentanée
arrive comme un visiteur inattendu.
Sois reconnaissant pour qui vient,
car chacun a été envoyé
comme un guide de l'au-delà.*

Jelaluddin Rumi, Mystique soufi, 13ème siècle.

En 2005 lorsque j'ai publié *Healing the Eternal Soul (Guérir l'Âme Eternelle - disponible en français courant 2015)*, j'ai tenté de réunir de nombreuses techniques utilisées en thérapie de régression de façon à permettre aux thérapeutes de les comprendre facilement. Ce fut un succès dans la mesure où les thérapeutes ont connu un développement incroyablement rapide de leurs aptitudes dans les formations qui utilisaient ce livre comme matériel de référence. L'autre réalisation que j'ai eue, c'est que l'inspiration pour le livre et la direction donnée pendant mes formations venait d'un groupe d'esprits évolués auxquels je fais référence sous le nom d'*Anciens*. Leur implication est le produit de la nature spirituelle de cette thérapie. En utilisant l'intuition et la conscience spirituelle, la thérapie de régression va au-delà de la résolution de symptômes pour éveiller l'âme du client − l'activité la plus importante dirigée par la dimension spirituelle actuellement.

En 2006, j'ai travaillé avec mes collègues à la constitution de la *Earth Association of Regression Therapy*. Cela a été une occasion extraordinaire pour établir les principes communs pour toutes les écoles en thérapie de régression. Depuis, l'association est devenue internationale, attirant des écoles de régression et des thérapeutes de toutes provenance y compris des professionnels de la médecine et de la psychologie.

Tandis que le nombre de thérapeutes de régression diplômés de ma propre formation a grandi, j'ai commencé à organiser des réunions d'anciens élèves pour leur donner l'opportunité de partager les différentes techniques qu'ils utilisent avec le processus de régression. La première a eu lieu en 2009 avec un succès extraordinaire et m'a permis de constater à quel point ils étaient tous talentueux. Ce fut à ce moment que les Anciens suggérèrent de créer une association pour dynamiser cette énergie, la développer et l'entretenir. Ainsi fut créée la *Spiritual Regression Therapy Association*. Le code déontologique pour l'association fut inspiré par les Anciens et, est disponible pour les lecteurs sur le site internet *www.regressionassociation.com*, avec une liste complète des thérapeutes formés par la *Past Life Regression Academy*.

En même temps, les Anciens ont suggéré un nouveau livre pour approfondir la thérapie de régression. Ceci comprendrait des techniques nouvelles et différentes utilisées par les thérapeutes en régression et constituerait la suite de *Healing the Eternal Soul*. Ceci a donné ce livre - *Transforming the Eternal Soul (Transformer l'Âme Eternelle)*. Mon rôle a été d'inspirer les contributeurs et de réviser les apports pour vérifier que les techniques fonctionnaient et aidaient les patients. Egalement, de vérifier que ces contributions soient rédigées de façon à ce que les connaissances soient facilement utilisables par les thérapeutes, et intéressantes à lire pour le public.

Le premier chapitre est écrit par Reena Kumarasingham et aborde un domaine qui n'est souvent pas pris en considération par les thérapeutes – les techniques qui aident le client à intégrer complètement la séance de thérapie dans sa vie courante. Elle

Introduction

aborde également au travers d'études de cas, l'aspect important qu'aucune thérapie n'est une panacée qui aurait toutes les réponses. Autant la thérapie de régression est extraordinaire pour résoudre les problèmes chroniques et profonds, autant d'autres approches thérapeutiques peuvent se révéler très utiles à différents moments du processus thérapeutique.

J'ai écrit le deuxième chapitre. Il présente une technique que les Anciens m'ont donnée par une canalisation médiumnique et s'est avérée incroyablement rapide et efficace avec mes clients depuis que je l'ai ajoutée à la thérapie début 2010. Elle permet de nettoyer très rapidement les clients de toute une série d'énergies denses, intrusives et d'esprits parasites que j'ai nommés "énergies sombres". La technique marche également très bien lorsque l'on fait ce travail à distance avec les clients.

Le troisième chapitre couvre la régression vers l'enfant intérieur spirituel. Hazel Newton a développé avec passion la thérapie de l'enfant intérieur au sein de sa pratique de régression depuis un bon nombre d'années. Elle s'inspire de techniques existantes et y intègre une dimension spirituelle pour conduire un processus de guérison extrêmement profond. Hazel communique ses techniques et explique comment le fait d'aider un client à découvrir son contrat d'âme donne à son enfant intérieur l'opportunité d'une nouvelle compréhension et d'une transformation.

Le quatrième chapitre est de Peter Mack, un professionnel de la médecine à l'esprit ouvert qui nous parle de sa découverte de la thérapie de régression et la façon dont il l'intègre à sa pratique médicale hospitalière. Il expose quelques unes de ses études de cas dans lesquels on découvre comment la thérapie de régression et la régression dans les vies passées ont transformé les conditions médicales de ses patients qui ne répondaient pas à l'approche traditionnelle de la médecine.

Dans le chapitre cinq, Tatjana Radovanovic Küchler, une

thérapeute en régression établie en Suisse, partage sa connaissance et ses techniques de travail avec des clients difficiles. Ce chapitre est plein d'astuces et de suggestions.

Le chapitre six parle de l'utilisation des cristaux en thérapie de régression. Christine McBride est une praticienne expérimentée et intuitive avec les cristaux. Elle explique que, bien que nous ne puissions percevoir que les vibrations basses dans notre monde physique, les vibrations élevées doivent être aussi prises en compte. Elle présente des techniques faciles à utiliser et explique comment elles peuvent être appliquées à différents moments du processus de régression.

A part la transformation des problèmes présentés par le client, les thérapeutes peuvent les responsabiliser en leur enseignant des techniques qu'ils pourront utiliser seuls. Dans le chapitre sept, Chris Hanson s'inspire de sa passion dans ce domaine pour partager des techniques qu'elle a trouvées efficaces, y compris certaines qu'elle a développées elle-même.

Le chapitre huit est dédié à l'aide de clients se trouvant dans une urgence spirituelle. Il s'agit d'un état de surcharge intuitive qui peut engendrer de la confusion et des symptômes de type psychotique. Janet Treloar a travaillé avec des clients dans ce domaine depuis de nombreuses années dans sa pratique de thérapie de régression, devenant la pionnière dans l'utilisation de techniques qui aident le client se trouvant dans une urgence spirituelle ; elle partage son savoir dans ce chapitre.

Mes derniers mots dans cette introduction sont des remerciements : aux extraordinaires thérapeutes en régression qui ont donné leur temps et partagé leurs trésors dans ce livre ; à Ian Lawton qui m'a assisté dans la révision et la publication de ce livre ; mais les plus gros et plus importants remerciements vont aux Anciens pour leur inspiration, leurs idées et leur sagesse adressées aux contributeurs de ce livre et à moi-même.

Tous les noms des patients et clients dans les études de cas qui

Introduction

suivent sont des pseudonymes destinés à protéger leur identité.

TRANSFORMER L'ÂME ETERNELLE

1

Intégrer et Aller de l'Avant

Reena Kumarasingham

Comme toutes les choses vivantes, vous êtes ici pour réaliser votre plénitude. N'attendez pas la mort pour donner naissance au vaste esprit qui se trouve en vous. Car la mort ne change rien d'autre que la chair qui embellit votre visage.

Hajjar Gibran

Introduction

La thérapie de régression, qu'il s'agisse de vie courante ou de vie passée, est une modalité puissante, non seulement pour nettoyer des énergies bloquées ou inhibantes, mais aussi pour offrir de nouvelles perspectives et axes de réflexion au client. Avoir accès à la perspective spirituelle d'une relation difficile, d'un évènement traumatisant ou de conditions de vie compliquées remplit normalement le client d'espoir et d'une nouvelle énergie - mais dans quel but ?

Dans toute modalité de guérison, l'aspect le plus important est le client, et c'est la priorité du thérapeute d'apporter les meilleurs soins pour l'aider à guérir. Que signifie exactement "guérir" ? Qu'est-ce que nous, thérapeutes, aidons nos clients à faire ?

A la base, les clients recherchent de l'aide car ils se sentent bloqués. Il peuvent se sentir bloqués dans un cycle, un cycle négatif – par exemple, un cycle de peur, un cycle d'anxiété, un cycle d'addiction et même un cycle de purge permanente. La thérapie de régression est un outil extraordinaire pour débusquer et nettoyer la source de ce cycle émotionnel. La thérapie est aussi valable pour amener le client à de nouvelles perspectives positives sur sa situation.

Ma question est – que se passe-t-il ensuite ? A mon avis, le travail de nettoyage des blocages et d'acquisition de nouvelles perspectives prend toute sa valeur dans l'action physique, émotionnelle, mentale et spirituelle que le client choisit d'entreprendre pour aller de l'avant. Cette action d'aller de l'avant constitue un composant essentiel du processus de guérison.

Etre libéré de ses problèmes et continuer à tourner en rond, un peu confus sur le changement qui a eu lieu, ou continuer à travailler sans fin, sans avoir de vision sur comment aller de l'avant, ne contribue pas au changement individuel. C'est une toute autre chose d'être soigné et devenu capable d'aller de l'avant sur le nouveau chemin de son choix – nouveaux modèles, nouveau comportement – une nouvelle vie transformée. Le pouvoir est dans la prise de décision et d'action vers le changement.

Ginger venait de recevoir des nouvelles inquiétantes. Après qu'elle eût retrouvé toute sa condition physique et sa santé à la suite d'un problème cardiaque, son cardiologue lui dit que ses deux artères carotides étaient bouchées – le côté gauche était bouché à 33 % et le droit à plus de 50 %. Ses options étaient la chirurgie ou les médicaments. Les trois complications les plus importantes de la chirurgie sont : la mort, une crise cardiaque ou un infarctus. Elle déclina en douceur l'option médicale traditionnelle et s'orienta vers le chemin holistique qui l'avait

Intégrer et Aller de l'Avant

aidée à se rétablir auparavant. Elle se souvint que le côté gauche était bouché à 33 % – 33 étant un nombre maître – et pensa qu'il s'agissait d'un indice lui donnant l'information de prendre une autre direction. Cette information la responsabilisa et lui donna toute confiance en ses capacités personnelles de guérison. Elle contacta des experts et conçut un plan dont elle pensait qu'il prendrait au moins six mois pour porter ses fruits. Ses médecins, sa famille et son mari acceptèrent avec réticence.

Puis, elle se rendit chez un naturopathe qui rechercha tous les ennuis majeurs de santé qu'elle avait connus dans sa vie et mit au point un plan d'action. Ils se concentrèrent sur le fait de stimuler son système immunitaire, dilater les artères, soutenir le foie et favoriser un échange rapide entre les cellules. Trois experts en huiles essentielles lui prescrivirent des huiles en application externe et également à ingérer tous les jours. Les huiles étaient destinées à apaiser le corps du traumatisme subi et à ouvrir le système de circulation sanguine. Le naturopathe lui créa une méditation spécifique à pratiquer pendant 20 minutes, quatre fois par jour quotidiennement. Elle devait imaginer qu'elle défaisait le blocage cellule par cellule. Elle devait visualiser chaque cellule voyageant doucement à travers le corps, éliminée en toute sécurité. Elle se consacra également à l'art ancien du Jin Shin Jyutsu et se rendit à des séances chaque semaine, en même temps qu'elle consulta un excellent praticien de Conversation avec le Corps. Elle couronna le tout de séances de thérapie de régression – pour effectuer un nettoyage de tout ce qu'elle n'avait plus besoin de transporter avec elle.

Pendant la séance de régression, alors que le thérapeute comptait pour l'amener en transe, Ginger se vit en train de pendre la tête en bas. Ses mains étaient liées dans le dos. Elle sentit une pression et soudain une douleur aiguë sur les côtés de son cou, près des artères carotides. Elle sentit que sa tête était bloquée dans quelque chose qui avait l'air d'être de l'acier – elle ne pouvait pas bouger, hurler ou pleurer. Sa voix était paralysée. Alors, elle sentit qu'on la faisait descendre tête la première sur un objet de torture en forme de vis. On la montrait en exemple, publiquement. Alors elle vit que son corps torturé était pendu dans une prison Cambodgienne appelée S-21 – le plus grand centre de détention et de torture au Cambodge, où 20.000 hommes, femmes, enfants et bébés furent exécutés par les Khmers Rouges entre 1975 et 1979. Elle sortit alors de son corps et monta vers la Lumière. Tandis qu'elle faisait cela, elle devint silencieuse, et ne répondit pas aux instructions. Plus tard, elle raconta qu'elle se voyait s'élevant avec d'autres âmes de la prison. Alors qu'elle se trouvait dans la Lumière, elle eut une expérience énergétique profonde avec des Êtres de Lumière.

En quoi cette séance a-t-elle aidé Ginger à guérir ? Selon ses propres mots : "Je me suis ouverte aux confins de mon esprit, actuel et passé, et ai pu libérer la peur associée au fait d'être piégée, empêchée de parler et torturée sans raison."

La séance de régression a fait émerger la prise de conscience et la réalisation qu'il y avait une expérience traumatique à laquelle elle s'accrochait et qu'elle avait besoin de lâcher. Le deuxième élément de la régression fut la signification du nombre 33. Elle sentit qu'elle avait été forcée dans le passé, et quelques fois dans cette vie, à réprimer son expression. Elle se sentait restreinte, incapable de prendre la parole contre l'injustice, ou d'exprimer ses opinions. Ceci était symbolisé par la barre de métal en travers de son visage et sa machoire, empêchant la possibilité de crier. La séance de régression lui donna la capacité de s'ouvrir et de s'engager à exprimer sa vérité à partir de ce moment. Sa gorge, ou plutôt son authenticité, devait s'ouvrir ! Par la suite, elle se rendit au Cambodge et au S-21, qui est maintenant un musée, où elle fit une méditation de guérison pour elle et tous les autres.

Trois mois après le début de ce plan de soins intégratif, elle retourna faire un check-up médical. Un scanner confirma que les deux artères carotides étaient claires à 100 % ! Les médecins insistèrent pour tester la calcification des artères – un signe précurseur de bouchage – et son score fut encore un zéro absolu ! Ses médecins revérifièrent les scanners originaux et confirmèrent que les artères étaient bien bouchées trois mois plus tôt. Sa guérison était réelle, complète et certifiée par les meilleurs cardiologues dans deux centres médicaux très réputés.

Ceci est un cas d'étude édifiant qui illustre concrètement tous les aspects que les thérapeutes peuvent développer et mettre en oeuvre dans leur pratique pour aider leurs clients. Pour le propos de ce livre, nous considèrerons trois aspects en particulier. Le premier est que Ginger était complètement consciente de son propre pouvoir, totalement confiante qu'elle pouvait guérir par elle même. Le deuxième est qu'elle a utilisé une approche holistique et intégrée – mental, corps et esprit – basée sur un but clair et défini. Troisièmement, en allant de l'avant, elle a mis en place des changements positifs dans sa vie entière pour maintenir sa santé.

Alors que nous avançons, je vais tenter d'illustrer quelques unes des méthodes que j'utilise pour :

- Aider les clients à se reconnecter et intégrer la source de leur pouvoir.

- Guider les clients à aller de l'avant et mettre en place des changements positifs dans leur vie – physiquement, mentalement, émotionnellement et spirituellement.

- Guider les clients vers une approche intégrative de leur guérison.

Ceci n'est absolument pas une liste exhaustive – tant s'en faut. Elle est juste basée sur mon expérience, et est citée pour illustrer les bénéfices pour les clients d'une thérapie tournée vers le futur.

SE RECONNECTER AVEC SES FORCES INTÉRIEURES

Lorsque quelqu'un est bloqué dans un cycle où il se sent privé de son pouvoir, ou fait face à une situation particulièrement difficile, il y a des chances accrues qu'il perde le sens de soi ou le sens de son propre pouvoir. En fait, la croyance profonde d'une majorité de personnes dans cette situation est : "je ne suis pas à la hauteur". Souvent, ceci signifie : "je ne suis pas assez bon pour mener la vie saine et heureuse que je désire" – ce qui les mène à des émotions affaiblissantes comme la peur, la culpabilité et le ressentiment. Ce qui à son tour engendre des choix de comportements insatisfaisants en termes de style de vie et à des cycles de comportement négatif. Ceci peut affaiblir sérieusement les individus. Ils peuvent presque en perdre le sens de soi.

Il devient très difficile pour un individu affaibli de trouver la force de parvenir à sa propre guérison – de se remettre et d'aller de l'avant. En tant que thérapeutes, nous savons que l'élément clé de la guérison est l'individu lui-même – son désir d'aller mieux, et sa confiance intime qu'il *va* aller mieux. Le vieux diction "Si tu penses que tu ne peux pas, tu as raison" s'applique. Donc, la première chose à faire pour un thérapeute c'est d'aider son client à puiser dans sa confiance en ses propres capacités de guérison, de l'aider à se reconnecter à son pouvoir intérieur – le pouvoir de changer sa vie.

La thérapie de régression travaille essentiellement sur le principe de remplacer des mémoires négatives par des pensées positives et de nouvelles associations. Mais la régression peut être aussi utilisée pour améliorer et amener ses propres atouts à la conscience de l'individu. Ceci est d'autant plus puissant que le client en fait l'expérience par lui même – on ne le lui dit pas, on ne le force pas dans cette prise de conscience – cela vient de l'intérieur de lui-même, lui donnant encore plus de force. Ce processus renforce réellement sa confiance et le prépare à son parcours de guérison.

Une de mes techniques préférées pour faire cela est, en premier lieu, de conduire la personne à un moment passé (vie courante ou vie passée) où elle a connu une forte expérience positive – n'importe quelle expérience où elle a ressenti un flot extraordinaire d'amour, ou de confiance, ou de force – pratiquement n'importe quelle émotion qui renforce la personne.

En deuxième lieu, on attire l'attention de la personne sur cette émotion de façon à ce qu'elle en soit pleinement consciente. Les questions que l'on peut poser incluent :

Comment ressentez-vous cette émotion ?

Est-ce agréable ?

Où ressentez-vous cette émotion ?

Troisièmement, au moyen de suggestions directes, l'individu est encouragé à faire grandir l'émotion, pour la renforcer vraiment et pouvoir s'immerger en elle. Quelques-unes des suggestions incluent :

Laissez juste cette émotion devenir plus importante.

Laissez-la se déverser hors du coeur (ou de l'endroit ou ils ont ressenti cette émotion en premier) **jusque dans le corps.**

Sentez l'émotion se répandre dans tout le corps.

Plongez-vous complètement dans cette émotion.

Ensuite, quand l'émotion positive est à son comble, la quatrième étape est de l'ancrer. Une fois que cette émotion est ancrée fermement dans le psychisme de la personne, ce sera plus facile pour elle de gérer ses difficultés. Au moment de lui faire traverser un souvenir traumatique, le fait d'évoquer l'émotion positive avant qu'elle ne rencontre la difficulté l'aide normalement à y faire face avec confiance. Le processus de transformation devient plus facile lorsque la personne peut utiliser ses propres ressources positives au moment de gérer une difficulté. Cela lui donne plus de force et de confiance. On peut alors utiliser cette technique et aller encore plus loin.

SE CONNECTER AU SOI DIVIN

Nous sommes tous des Êtres Divins. Nous avons tous les aspects de la Source en nous – parce que nos âmes viennent de la Source. Le corps, les émotions, les souvenirs sont les gadgets que nous avons intégrés pour accélérer notre apprentissage dans cette dimension. Il est facile d'oublier notre Soi original et infini tandis que nous nous confrontons à des expériences difficiles qui nous aident à grandir et évoluer.

La régression peut nous faire retourner en arrière pour se souvenir et se reconnecter à nos aspects Divins. Suivez juste le processus ci-dessus jusqu'à la troisième étape. Une fois que la personne est complètement immergée dans l'expérience positive, demandez lui de porter son attention à l'intérieur de son coeur. Ensuite, demandez lui d'ouvrir son coeur et de suivre l'émotion jusqu'à l'intérieur de son coeur. Quelques suggestions que l'on peut utiliser sont :

Allez directement dans votre coeur - directement au plus profond de votre coeur.

Allez directement jusqu'au centre de votre coeur.

Soyez conscient(e) de votre expérience.

Intégrer et Aller de l'Avant

Allez directement à la source de l'émotion et immergez-vous dans cette expérience.

Allez directement à la source de cette émotion (seulement si l'émotion vient du coeur).

Que percevez-vous ?

J'ai utilisé cette technique avec presque tous mes clients. Lorsque vous les guidez correctement, tous font l'expérience d'une vague intense d'émotion positive. Certains ressentent de l'amour profond, d'autres une paix sereine, d'autres une joie extatique. Certains visualisent un symbole de perfection – de l'or, une pierre précieuse parfaitement lisse, les fleurs les plus belles, ou un soleil radieux.

Alors demandez leur s'ils savent ce que représentent les symboles ou les sentiments. Selon mon expérience, la plupart de mes clients les identifient comme eux-même, la partie centrale d'eux. D'autres ont besoin de plus d'encouragements. Est-ce que cela semble familier ? Quoi en particulier ? Est-ce que cela vous rappelle quelque chose ? Tous ont identifié cette expérience comme le fait de se diriger et de rencontrer leur essence profonde.

Ensuite, réaffirmez cette reconnaissance et attirez l'attention de la personne sur l'expérience. Des exemples de phrases sont :

Oui – c'est bien vous, ceci est le centre de votre être, votre Essence Pure, votre Être Divin.

Ressentez la pureté de votre Essence.

Faites l'expérience de votre perfection, de votre beauté.

Par les suggestions directes, l'individu est encouragé à faire grandir l'émotion, à la renforcer et à s'immerger totalement en elle. Puis, lorsque la réalisation est à son sommet, l'étape suivante est de l'ancrer.

Travers avait l'intention de travailler sur des problèmes liés au domaine relationnel. Durant la séance de coaching, il apparut que la leçon de vie sous-jacente était l'amour de soi. Pendant la régression, il signala une douleur dans sa poitrine et eut du mal à aller au delà de cette douleur. En utilisant le signal ideomoteur, nous eûmes l'information que le blocage énergétique était une forme-pensée de jugement de soi qu'il avait absorbée de son père. La forme-pensée fut nettoyée avec l'aide de la couleur thérapie. Il dut aller jusque dans le centre de la forme-pensée, et utiliser trois couleurs pour dissoudre l'énergie depuis son centre – rouge pour l'amour, orange pour la paix et jaune pour le bonheur. Tandis que les couleurs dissolvaient la forme-pensée, la douleur physique se réduisit, jusqu'à ce qu'il n'en resta qu'un tout petit peu, que l'on allait nettoyer en se servant de la régression dans une vie passée. L'espace de son coeur était nettoyé.

Nous eûmes l'information par le signal idéomoteur qu'il avait besoin de contacter sa Source Divine. Avec l'aide des techniques décrites ci-dessus, il fut dirigé vers le centre de son coeur, maintenant nettoyé. A ce point, Travers décrit son expérience avec ces mots : "Tandis que j'allai de plus en plus profond dans mon coeur, il m'a semblé au début que je volais dans ce qui avait l'air d'un espace vide et noir sans fin. Puis soudain, je me suis trouvé dans un endroit entièrement nouveau et merveilleux, complètement entouré d'une lumière blanche qui était si brillante que j'en étais pratiquement aveuglé. Au centre de ce sanctuaire, se trouvait un homme, agenouillé avec ses mains entrecroisées dans le geste de la prière et j'ai senti une telle énergie de paix et de sagesse émanant de lui, en même temps qu'un lien fort d'affection et de familiarité. 'C'est toi,' a dit la voix, 'va à l'intérieur de lui et devient un avec lui !' alors que je flottai vers lui et fusionnai avec lui. Incroyablement, je devins cette silhouette agenouillée et priant. Le besoin de bouger mes jambes et mes mains pour adopter cette posture était si puissant que je laissai mon corps faire exactement cela."

A cet instant, la rencontre de Travers avec son Essence Divine fut confirmée et il fut encouragé à explorer vraiment son expérience et ses sentiments, puis à intensifier l'émotion et s'y immerger. A nouveau, il relate son expérience de cette manière : "Ce que j'ai ressenti ensuite peut seulement être décrit par des superlatifs excessivement enthousiastes. Il y a eu une explosion massive d'une énergie intense depuis l'intérieur de mon coeur et elle s'est déversée hors de mon corps, particulièrement par mes mains et mes doigts et a resplendi dans toutes les directions. C'était comme de l'électricité, mais en un million de fois plus puissante, car c'était de l'énergie, de la chaleur, de la lumière et de l'amour tout à la fois. Je n'ai formé plus qu'un avec la lumière blanche et brillante et je n'ai pu m'empêcher de verser des larmes de joie, car c'était le sentiment le plus beau que j'aie jamais ressenti sur cette Terre. La lumière blanche était tout autour de moi, en moi, c'était moi et également l'Univers entier. C'était la perfection pure et absolue, si belle et si simple, en même temps si magnifique et une telle leçon d'humilité que je voulais juste rester là à absorber et chérir cette expérience pour toujours. Je sus sans l'ombre d'un doute que j'étais de retour chez Moi pour la première fois dans cette vie, que c'était l'endroit auquel j'appartenais vraiment en tant qu'être de lumière, et que l'énergie qui s'écoulait de moi était si puissante qu'elle pouvait donner forme au tissu de l'Univers."

Quand il fut au sommet de l'intensité de son émotion, Travers ancra les sensations en utilisant le majeur et le pouce. Après qu'il se fut immergé dans son Essence Pure aussi longtemps qu'il le voulait, il lui fut alors demandé de revenir à sa conscience ordinaire. Selon ses mots : "Progressivement l'énergie qui coulait à travers moi s'arrêta et alors que je revins à mon corps qui me sembla tout engourdi. Les effets secondaires de l'expérience étaient comme lorsqu'un flash se déclenche face à vos yeux, une image qui s'efface lentement. Pourtant mon corps entier fourmillait, surtout mes doigts où je pouvais encore ressentir les sensations de cette lumière blanche surgissant du bout de mes doigts. Ce fut difficile de revenir à notre "réalité" terrestre habituelle après la séance, d'avoir à s'inquiéter de prendre un bus pour rentrer à la maison alors que je me sentais comme si je pouvais voler sans difficulté autour de la planète quelques fois supplémentaires. Cependant, je sais dans mon coeur que je peux toujours rappeler cette énergie si j'en éprouve le besoin dans le futur, et c'est une pensée incroyablement réconfortante. Je souhaite utiliser cette nouvelle conscience de l'Energie Universelle en moi seulement pour faire le bien et m'aider moi-même et les autres à apprendre leurs leçons de vie et accomplir leurs but terrestres et spirituels."

La section suivante illustrera quelques unes des mesures prises pour ancrer ces expériences positives. Le pouvoir de transformation de la reconnexion avec notre Pure Essence, notre Aspect Divin, est beaucoup plus que ce que nous réalisons. Particulièrement si on le fait à la fin de la séance et que l'individu s'en va remis à flot, ce qui va lui faciliter le fait d'aller de l'avant.

Aider les Clients à Aller de l'Avant

Le mental est comme un cheval. Trois des jambes du cheval représentent l'inconscient. Une des jambes représente le conscient. Pour que le cheval avance, les quatre jambes doivent se mouvoir dans la même direction. De la même façon, pour que le client aille de l'avant d'une manière cohérente, l'inconscient et le conscient doivent aller dans la même direction, au même moment.

La thérapie de régression est l'un des moyens les plus rapides et les plus efficaces de traiter et transformer les mémoires inconscientes. Pour optimiser la guérison des clients, on doit également travailler sur le conscient.

Un autre bénéfice lorsqu'on guide le client dans un travail sur le conscient est qu'il le pousse à être responsable de sa guérison. Il ressent que c'est lui qui a vraiment fait le travail et ainsi la guérison est d'autant plus merveilleuse quand il en voit les résultats.

Fixer des Objectifs

Un des exercices les plus importants est d'amener à la conscience des clients des objectifs clairs qu'ils voudraient atteindre avec leurs séances. Rassembler des symptômes mesurables est un des moyens d'y parvenir. Un autre moyen, plus qualitatif est de définir clairement l'état dans lequel ils se trouvent au moment présent, et l'état auquel ils désirent parvenir. Ceci les aide à définir clairement ce qu'ils voudraient obtenir de la séance et à suivre leurs progrès.

La chose dont ils ont à être conscients avec cette étape est de gérer leurs attentes et être réalistes. Continuez à leur rappeler que les miracles se produisent après de la persévérance et un travail ardu.

Ancres à l'Aide de l'Odorat et des Huiles Essentielles

Ancrer est une autre façon de travailler de manière intégrative avec le conscient et l'inconscient. Une des façons les plus efficaces que j'ai trouvée d'ancrer un état particulier est d'utiliser l'odorat – à l'aide des huiles essentielles. A part les effets pharmacologiques des huiles essentielles, un des moyens puissants dont les odeurs influencent le psychisme humain est à travers le mécanisme sémantique L'odorat est notre sens le plus primitif. A la différence des autres sens, l'odorat passe directement dans le système limbique, le centre émotionnel du cerveau. Ce chemin rapide vers le centre émotionnel éveille de fortes mémoires émotionnelles. Selon J.S. Jellinek, dans son livre *Psychodynamic Odor Effects and Their Mechanisms (Effets psychodynamiques des odeurs et leurs méchanismes)*, les odeurs sont expérimentées dans le cadre de situations de vie.[1] Si l'expérience d'une odeur se produit dans une situation émotionnellement intense, les émotions vécues sont stockées dans la mémoire avec l'odeur correspondante. Si l'odeur est rencontrée plus tard, la mémoire qui y est associée est retrouvée avec l'effet émotionnel.

Utiliser les principes du mécanisme sémantique et ancrer un état émotionnel avec les huiles essentielles permet au client de réactiver les traces de mémoire positive et la perception positive qui a été établie dans l'inconscient en la faisant parvenir au conscient de la personne.

Différentes huiles peuvent être utilisées pour atteindre cet objectif. Ma préférence va à la combinaison de propriétés énergétiques et pharmacologiques des huiles avec le mécanisme sémantique. Ainsi, si quelqu'un travaille sur des problèmes relationnels, j'utilise un mélange pour traiter la blessure que l'individu contient. Si quelqu'un travail sur l'estime de soi, j'utilise un mélange pour les aider à reconnaître leur magnificence. Cela produit un double bénéfice, où les huiles travaillent à différents niveaux – mental, corps et esprit – et rendent l'utilisation des huiles plus efficaces.

Durant la séance de régression, lorsque l'émotion positive est à son comble, des suggestions directes sont utilisées pour associer l'odeur à l'expérience positive. Et lorsque cela a été ancré, les affirmations sont utilisées comme méthode annexe pour ancrer l'expérience plus avant.

Une fois que le client est sorti de transe, pendant le moment de conclusion, on lui donne l'huile et les affirmations à utiliser et répéter chaque matin pendant trois semaines, sans interruption. Cette méthode est efficace parce qu'elle retrouve les mémoires inconscientes qui ont été transformées, et les amène à la conscience du client. De cette façon, l'inconscient et le conscient travaillent ensemble pour renforcer le nouvel état positif du client.

Le mécanisme sémantique, combiné aux effets pharmacologiques, font des huiles essentielles une technique particulièrement puissante pour ancrer un état positif à l'intérieur de la personne.

FUTURISATION

La futurisation est une technique utilisée en hypnose et PNL (Programmation Neuro-Linguistique) pour guider le client à visualiser comment la transformation va impacter sa vie, disons dans 6 à 12 mois. Notez bien qu'il ne s'agit ni de progression, ni d'une prédiction – c'est tout au plus une forme puissante de visualisation créatrice.

Une fois que l'on a ancré fermement l'émotion positive dans le psychisme de la personne, l'étape suivante est de la projeter 6 mois dans le futur, et lui permettre de visualiser comment sera sa vie à ce moment-là. Guidez la à faire l'expérience de situations qui étaient d'habitude difficiles, avant l'ancrage et le processus de transformation. Des exemples de phrases et de questions à utiliser incluent :

Allez 6 mois en avant dans le futur et dites-moi ce que

vous percevez.

Allez à un meeting avec votre patron (ou n'importe quelle situation difficile). **Dites-moi ce qui se passe.**

Allez 12 mois en avant dans le futur et dites-moi ce que vous percevez.

La futurisation amène à la conscience de l'individu la possibilité d'un futur transformé, ce qui les motive encore plus à procéder à des changements positifs et aller de l'avant. Parce que nous travaillons avec l'inconscient, l'expérience est perçue comme littérale et l'émotion ressentie comme réelle. Ceci instille en la personne la confiance nécessaire à un démarrage pour aller de l'avant. Faire ceci à la fin de la séance permet au client de se sentir encouragé à propos de la séance et de son expérience, et le laissera sur une note positive.

Pour renforcer cette expérience à la fois au niveau conscient et inconscient, les clients peuvent revenir pour une séance de suivi de "tableau de vision". On demande au client de rassembler des photos, des citations, n'importe quoi qui représente ses rêves, et qui permette de conserver vivante l'énergie positive de la futurisation, ce qui renforce sa confiance en l'accomplissement du but qui se trouve dans son psychisme. Ensuite, il rassemble tous ces éléments dans un tableau de vision d'une manière structurée et créative ce qui va accroître sa confiance et est un rappel visuel fort de ce qu'il peut accomplir et ce pour quoi il travaille. Ceci constitue une étape majeure dans le processus qui va permettre à un client d'avoir confiance en son pouvoir de manifestation.

La Gratitude

La gratitude est l'une des émotions les plus importantes qu'une personne peut ressentir. La gratitude aide l'individu à voir ce qu'il

Intégrer et Aller de l'Avant

a, et à ressentir de la joie pour ses bénédictions et son abondance, plutôt que ce qu'il n'a pas.

Il est également important pour un individu de ressentir de la gratitude pour lui-même. De nombreuses personnes ne se donnent pas assez de crédit pour leurs propres capacités et talents. Ceci alimente des sentiments d'estime de soi basse et de dévalorisation, entre autres émotions d'autodépréciation, qui vont contribuer à des schémas négatifs de comportement.

Une reconnaissance de soi consciente est centrale pour modifier ces schémas de pensées et encore mieux renforcer le pouvoir d'une personne. L'un des moyens les plus efficaces que j'ai trouvé de guider un client dans ce processus est de lui demander de tenir un journal de gratitude. Sarah Ban Breathnach parle dans son livre *L'Abondance dans la Simplicité*, d'apprécier et montrer de la gratitude pour les choses simples de la vie.[2] Elle a développé une technique extrêmement simple mais puissante pour aider les individus à reconnaître consciemment et apprécier leur abondance, grâce à leur journal de gratitude.

Elle recommande d'écrire au moins cinq choses pour lesquelles la personne se sent reconnaissante, chaque soir avant d'aller dormir. Ce simple acte quotidien oblige l'individu à devenir conscient des bénédictions dont il bénéficie dans sa vie et à les lister avant de dormir. Faire cela avant de dormir a de l'importance, car la personne est remplie de pensées positives avant de s'endormir. Ceci va à son tour filtrer dans l'inconscient et l'énergie positive va être conservée durant la nuit. Au minimum, la personne aura une nuit de sommeil paisible.

J'utilise une légère variante de cette idée brillante. Chaque soir mes clients font la liste d'au moins cinq choses pour lesquelles ils sont reconnaissants, pour eux-mêmes, – cela peut être quelque chose qu'ils ont fait, ou qu'ils ressentent, et cela peut concerner de grandes choses ou des choses très simples. Une de mes clientes s'est même remerciée pour le soin qu'elle prenait de ses dents. Les choses les plus simples, que nous tenons souvent pour acquises, ont de l'importance. Et ce processus amène à la conscience l'appréciation de ces gestes bienveillants qui sont souvent ignorés. Les phrases que je recommande à mes clients incluent :

Je me remercie pour...

Je me félicite pour...

Lorsque ces actions et pensées sont écrites, elles deviennent tangibles. Après 30 jours, si la personne tourne les pages de son cahier, elle est en mesure de voir 150 raisons de s'apprécier, 150 choses pour lesquelles elle mérite d'être reconnaissante envers elle-même. Ainsi, il est plus facile pour la personne d'accepter ce qu'elle a dit sur elle-même ce qui l'emplit encore plus de puissance.

Jake était un homme dans la quarantaine, qui luttait contre une addiction sexuelle aux prostituées. Il avait vu deux conseillers thérapeutiques différents à ce propos, sans succès. Au moment où il vint me consulter, il était séparé de son épouse depuis un an et se trouvait au milieu d'une rupture douloureuse avec sa petite amie, qu'il n'arrivait pas à oublier. Son objectif était de comprendre pourquoi il souffrait de cette addiction et d'arriver à trouver un sens à ses relations avec son ex-épouse et sa petite amie.

Après que j'eus noté son historique, la première chose à faire fut d'expliquer les mécanismes de l'addiction à Jake, afin de déterminer la cause de son addiction. C'était la première fois que les mécanismes lui étaient expliqués. En utilisant la PNL, il fut établi que la raison de son obsession sexuelle était qu'il désirait ardemment l'intimité, la proximité, les calins et l'attention qu'il recevait après l'acte sexuel. En allant plus loin, il apparut que Jake ne recevait pas l'amour et l'attention qu'il aurait voulu de sa mère lorsqu'il était plus jeune.

La privation de l'affection maternelle était si intense qu'il fragmenta mentalement ce besoin et le dissimula, en guise de stratégie. Bien qu'il ne fût pas conscient de ce besoin d'attention affectueuse, inconsciemment il se mit à chercher quelque chose pour remplir ce vide – dans ce cas l'intimité profonde qu'une expérience sexuelle peut apporter. Nous fûmes alors d'accord pour que l'objectif de la séance soit de travailler pour minimiser l'addiction en ciblant sa cause d'origine.

Quand il fut en hypnose, il régressa à un moment où il avait cinq ans et tomba d'un arbre dans un canal d'évacuation à ciel ouvert. Il était blessé, mais au lieu d'être tenu et réconforté par sa mère, qui était ce qu'il aurait voulu, il fut grondé. Il alla ensuite à un moment où il avait huit ans et était dans la maison de son cousin pour la célébration du Nouvel An Chinois. Il était tout excité, car sa mère lui avait donné la permission de distribuer des Ang Pows (petits paquets rouges contenant de l'argent – une tradition chinoise) à son cousin autour de minuit. Quand le moment arriva, il donna joyeusement les Ang Pows, mais alors, sa mère lui tomba dessus de manière inattendue et le gronda devant son cousin. Ceci le retourna. C'était à travers ce genre d'expériences qu'il se sentit privé de l'affection de sa mère.

Durant une tentavive pour transformer les mémoires, une chose intéressante se produisit. Jake se mit soudain à avoir peur et dit : "Il arrive. J'ai peur de lui, il arrive." Puis sa posture, son expression faciale et son ton de voix changèrent. Son corps se tendit et se gonfla, son ton de voix devint rauque et son expression dure. Après quelques encouragements, cette nouvelle partie fut identifiée en tant que Angry Jake (AJ - Jake en colère), qui était là pour protéger Jake d'être blessé et l'empêcha de développer des relations saines et affectueuses avec les gens qui étaient proches de lui. C'était un cas classique de sabotage de soi dans les relations, pour se protéger.

Je demandai alors où se trouvait Loving Jake (LJ - Jake affectueux) et si je pouvais lui parler. LJ émergea sous forme d'une voix petite, timide et murmurante. Il fallut quelques encouragements pour que AJ *laisse* LJ intervenir, mais finalement, il fut d'accord à condition qu'il puisse observer et LJ approuva également. J'utilisai la régression de l'enfant intérieur et le menai à la source de son problème (quand il avait cinq ans), lui donnai des ballons colorés pour fortifier LJ – les ballons contenaient des qualités telles que la confiance, la protection, la sécurité – de façon à ce qu'il puisse grandir. Alors qu'il grandissait et passait différents âges, il s'arrêta plusieurs fois, et reçut plus de ballons pour le fortifier et l'aider à parvenir totalement intégré à son âge présent.

Au milieu de tout cela AJ surgit et ne permit pas à LJ de grandir. AJ était convaincu que Jake devenait plus faible et que LJ ne pourrait pas le protéger. Alors LJ et AJ eurent une discussion, ce que LJ était capable de faire après avoir été fortifié. Après un moment de résistance AJ céda enfin et laissa LJ prendre le dessus.

Enfin LJ eut la permission de grandir et de remplir le corps de Jake. Quand le sentiment d'amour fut à son comble, l'état fut ancré avec des huiles et des affirmations. Après la séance, l'huile fut donnée à Jake avec les affirmations et l'instruction de l'utiliser chaque matin pendant un mois. Il eut aussi à écrire son journal de gratitude tous les jours, pour amener sa valeur personnelle à sa conscience.

Six mois après la séance de quatre heures, il n'était pas retourné voir de prostituée. Selon ses mots : "Parfois je ressens la pulsion, mais quand je sens l'huile et répète l'affirmation, je me relaxe et me sens plus calme. Egalement, lorsque des incidents se produisent qui auraient normalement fait monter ma colère et m'auraient poussé à aller voir une prostituée, je prends une pause, j'essaye de gérer mes émotions et je me demande : 'Qu'est-ce que LJ veut ?' Et je fais le choix que LJ ferait, ce qui est en général mieux pour moi."

La séance ne lui donna pas de compréhension profonde de sa relation avec son ex-petite amie et son ex-épouse, car il y a avait d'autres mécanismes à l'oeuvre à prendre en considération. Néanmoins, il obtint ces réponses lors d'une séance ultérieure de Vie entre les Vies.

Aller de l'avant est une clé dans la transformation du client. Cette étude de cas démontre combien la régression, la thérapie des parties et la régression vers l'enfant intérieur ont transformé l'inconscient, tandis que la mise en place de buts, les affirmations, les huiles et le journal de gratitude ont habitué la conscience à travailler en cohésion de façon à permettre au client de surmonter son addiction. Il avait encore des pulsions quelques mois après la séance, mais leur intensité était moindre et il pouvait gérer consciemment ses réactions. En conséquence, il parvenait à ne pas agir poussé par ses envies, ce qui contribuait à son sens de puissance et d'amour de soi.

J'aimerais encore insister sur le fait qu'il ne s'agit pas ici d'une liste exhaustive. Il y a plusieurs façons de travailler avec le conscient. Celles-ci sont juste quelques techniques que j'ai utilisées et qui se sont avérées efficaces. Découvrir de nouvelles techniques est l'une des joies de ce travail.

Approche intégrative de la guérison

La sagesse ésotérique ancienne insiste fortement sur une approche holistique et intégrative de la guérison. La médecine chinoise traditionnelle et l'Ayurvéda, par exemple considèrent le flux énergétique complet de l'individu – le flux du mental, du corps et de l'âme travaillant de manière cohérente ensemble – comme un signe d'une santé et d'un bien-être complets. Le mental, le corps et l'esprit sont si connectés que bien qu'un problème ou une maladie puisse être attribué à un blocage énergétique dans l'un ou l'autre de ces aspects, le système entier en sera affecté.

Mon opinion est qu'il est important pour une thérapie alternative de considérer l'individu de manière holistique. Le flux clair et libre de l'énergie dans le corps, le mental et l'âme assure sa bonne santé et son bien-être. Il est important de suivre l'ensemble du fil conducteur pour déterminer la cause initiale de chaque problème qui pourra ainsi générer la transformation du client vers une meilleure santé et bien-être. Richard Gerber, dans son livre *Vibrational Medicine (Médecine Vibratoire - non traduit en français)*, dit :[3]

> La médecine dont l'intention est de comprendre l'énergie et les vibrations et comment elles interagissent avec la structure moléculaire et l'équilibre de l'organisme, est une modalité qui évolue lentement sous le nom de médecine vibratoire. Les arts thérapeutiques doivent être mis à jour, du modèle courant de la médecine qui est encore newtonien, avec de nouvelles compréhensions du monde de la physique et d'autres sciences associées. La reconnaissance de notre relation avec ces systèmes énergétiques à fréquence plus élevée conduira à une fusion entre la sagesse ésotérique et les preuves scientifiques modernes. Le courant de la médecine holistique poussera finalement les thérapeutes à reconnaître que pour que nous soyons en bonne santé, nous devons avoir une relation intégrée entre le corps et l'esprit.

Dans le premier cas Ginger a adopté une approche intégrative pour guérir son mental, son corps et son âme. La combinaison d'homéopathie, de Jin Shin Jyutsu, d'huiles essentielles et de thérapie de régression a conduit à des résultats miraculeux qui ont stupéfié le corps médical dans deux pays.

Une autre façon de guider le client vers une approche intégrée est avec le signal idéomoteur. Après la régression, le thérapeute peut vérifier avec l'inconscient si le client a besoin d'autres formes de thérapie qui pourraient l'aider à résoudre le problème et quelle thérapie est nécessaire.

Une seule personne n'a pas à connaître toutes les modalités pour fournir des soins holistiques à ses clients. Cela peut consister en un effort collaboratif. Lorsque j'ai commencé à pratiquer à Singapour, j'ai eu la chance d'être entourée et soutenue par un groupe de thérapeutes incroyablement intelligentes, intuitives, affectueuses et talentueuses, que j'appelais mes Soeurs Divines. Chaque membre du groupe était une praticienne exceptionnelle. Chacune a eu le courage et la confiance de s'allonger sur mon fauteuil thérapeutique comme cobaye, alors que j'étudiais pour obtenir mon diplôme. En faisant l'expérience des techniques, pratiques et talents thérapeutiques les unes des autres, notre savoir individuel et nos outils se sont accrus pour apporter les meilleurs soins aux clients qui nous consultaient. Et tout aussi important, nous formions une communauté pour nous adresser mutuellement des personnes qui pourraient bénéficier d'une modalité particulière. Cela assurait que les clients disposaient de l'approche la plus holistique pour leurs problème.

Selon mon expérience établir ou se joindre à une communauté de thérapeutes est un élément important de la pratique. En plus de constituer un soutien personnel extraordinaire, le recoupement de connaissances, outils et clients m'ont aidée à évoluer en tant que thérapeute et à fournir les meilleurs soins possibles à mes clients.

En résumé

Mon objectif essentiel a été de souligner l'importance

d'encourager les clients à aller de l'avant. Libérer et nettoyer les énergies est juste une étape dans le processus de guérison. Intégrer et prendre les mesures pour aller de l'avant constituent les autres étapes majeures.

Pour pouvoir réaliser cela, la personne doit être confiante et croire qu'elle peut accomplir les changements requis. Dans le monde nouveau où nous nous trouvons déjà, les énergies sont telles qu'un individu peut créer sa réalité. En qualité de thérapeutes, en plus d'identifier la raison initiale et aider les individus à éliminer leurs blocages, il est tout aussi important pour nous de leur donner la force de croire en leur propre pouvoir de guérison et les aider à développer cette confiance en soi.

Lorsque nous travaillons avec le mental, il est important que le conscient et l'inconscient avancent de concert, pour atteindre un but. C'est pourquoi le but doit être clairement défini. Encourager les clients à participer activement à leur guérison les conduit à atteindre leurs objectifs avec plus de puissance. Ceci peut être réalisé avec des activités du mental conscient comme les affirmations, réactiver des ancres ou éprouver de la gratitude. Ces techniques recâblent les réseaux neuronaux conscients et les réalignent avec l'inconscient, rendant le mécanisme du changement encore plus puissant et efficace.

L'intégration des différentes modalités pour intensifier le chemin thérapeutique de la personne est tout aussi important que l'intégration entre le mental conscient et inconscient. Le mental, le corps et l'esprit travaillent comme une unité cohésive pour assurer le flux optimal d'énergie pour la personne et une approche thérapeutique intégrative est nécessaire pour rendre ce flux clair, propre et sain. Utiliser plusieurs modalités ensemble peut produire des miracles absolus.

L'esprit de ce chapitre est saisi justement dans le poème du visionnaire, dessinateur et poète, Michael Leunig :

Intégrer et Aller de l'Avant

Nous luttons, nous faiblissons, nous fatiguons,
Nous sommes épuisés, en détresse, désespérés
Nous abandonnons, nous tombons, nous lâchons
Nous pleurons
Nous somme vidés, nous nous calmons, nous sommes prêts
Nous attendons tranquillement,
Une petite vérité arrive timidement
Arrive de l'extérieur et de l'intérieur
Arrive et naît
Simple, stable et limpide
Comme un miroir, comme une cloche, comme une flamme
Comme la pluie en été
Une vérité précieuse arrive et naît en nous
Au sein de notre vide intérieur
Nous l'acceptons, nous l'observons, nous l'absorbons
Nous nous abandonnons à notre vérité nue
Nous sommes nourris, nous sommes changés
Nous sommes bénis
Nous nous élevons
De cela, nous sommes reconnaissants

A PROPOS DE L'AUTEUR

Reena Kumarasingham BA (psy), MBA, Dip RT

Reena diplômée en psychologie, praticien en PNL, praticienne en thérapie de régression et Vie entre les Vies, et exerce au niveau international. Elle est la directrice de *Divine Aspect*, qui a pour vision de donner le pouvoir total aux personnes qui sont sur le chemin d'accepter et honorer leur être authentique. Reena est aussi la créatrice de *Divine Essence*, qui propose une série d'huiles destinées à la transformation et sublimation émotionnelle et énergétique. Elle est l'un des membres fondateurs de la *Society for Medical Advance and Research with Regression Therapy (Société pour le Progrès Médical et la Recherche en Thérapie de Régression)* et une enseignante certifiée pour l'*Académie de Régression dans les Vies Passées.* Pour plus d'information, voir son site internet : *www.divineaspect.com*, ou la contacter par email : *reena@divineaspect.com*.

RÉFÉRENCES

1. Jellinek, J.S., *Psychodynamic Odor Effects and their Mechanisms*, Cosmet, 1997.
2. Breathnach, S. B., *L'Abondance dans la Simplicité*, 2010.
3. Gerber, R. *Vibrational Medicine,* Inner Traditions, 2001.

2

TRAVAILLER AVEC LES ENERGIES SOMBRES

Andy Tomlinson

Votre travail n'est pas de chercher l'amour, mais simplement de chercher et trouver toutes les barrières que vous avez construites à l'intérieur de vous et qui vous en séparent.

Jelaluddin Rumi, Soufi 13ème siècle

INTRODUCTION

Lorsque j'ai commencé à donner des séances de thérapie de régression à mes clients en 1995, les énergies parasites n'apparaissaient que rarement et quand cela arrivait, il était relativement facile de les retirer. Les techniques pour faire cela étaient incluses dans mon livre, *Healing the Eternal Soul (Guérir l'Âme Eternelle - disponible en français courant 2016)*. Les années passant, j'ai noté progressivement que les énergies parasites sont devenues un problème et que la plupart des clients ont besoin de s'en défaire durant la thérapie. Ce qui semble se produire, c'est que la vibration de la Terre change rapidement et que le voile entre notre monde et d'autres dimensions devient plus fin et plus poreux. La NASA donne des preuves de ce phénomène. Le trou dans le champ magnétique de la Terre est de plus en plus gros[1] et les orages solaires les plus intenses depuis 50 ans se sont produits en 2012.[2] Les activités spirituelles des travailleurs de lumière contribuent également à élever ces vibrations. Tandis que de nombreuses personnes bénéficient de cette situation, cela contribue également à amplifier l'énergie dense du travail inachevé des esprits désincarnés. Cela les dérange et il sont parfois attirés par les vibrations plus élevées de certaines personnes, pensant quelquefois qu'il s'agit du chemin de retour qu'ils cherchent. Ils comme les papillons attirés par la lumière dans la nuit.

Depuis 2010, j'ai été de plus en plus amené à travailler avec ce que je nomme "énergies sombres". Il s'agit simplement d'énergie sans lumière. D'un point de vue spirituel, ce n'est ni bien, ni mal car tout contient de l'énergie de la Source et sert un but dans une perspective plus large. On ne doit pas non plus confondre l'énergie sombre avec ce que certains appellent "possession démoniaque". Ce sujet a été clarifié dans une recherche que j'ai faite avec Ian Lawton dans son livre *The Wisdom of the Soul (La Sagesse de l'Âme - non traduit en français)*. La recherche était basée sur une conversation canalisée de différents groupes d'"Anciens" – des êtres de lumière hautement expérimentés qui aident la Terre à accomplir son plan spirituel. Leur perspective était que les forces démoniaques se trouvent juste dans le mental des gens. S'ils s'attendent à en croiser, cela va arriver. L'énergie sombre, d'un autre côté, est un terme collectif que j'utilise pour désigner les énergies parasites difficiles à enlever, ainsi que toute une série d'énergies intrusives ou de fragments qui sont dotés d'une forte énergie de la Source.

Les techniques utilisées dans ce chapitre ont été transmises par les Anciens. Je me suis demandé lorsque j'ai commencé à faire ce travail, pourquoi les Anciens ne faisaient pas ce travail eux-mêmes. Mais il se trouve que percer les énergies denses de la

Terre pour nettoyer les énergies sombres est difficile depuis leur niveau vibratoire élevé. Aussi, quelquefois, je pensais que je "perdais la boule". C'est seulement au travers de vérifications indépendantes par des thérapeutes en l'intuition desquels j'avais confiance et les retours positifs de clients après ce genre de thérapie, que je me suis décidé à continuer. Une fois, alors que Ian Lawton dirigeait une séance de canalisation pour son nouveau livre *The Future of the Soul,* le message lui parvint que le travail de nettoyage des énergies sombres était d'une importance capitale. Je n'étais pas présent à cette séance, mais cela me donna le courage de continuer. A ce jour, j'ai utilisé cette technique avec des centaines de clients, soit en séance individuelle, soit en travail à distance.

En fait, la technique s'est avérée si efficace qu'elle a été étendue pour nettoyer l'énergie sombre de certaines zones de le Terre – en particulier des sites religieux anciens ou des centres énergétiques – au Royaume Uni, Pérou, Singapour, Inde, Pacifique Sud, Hawaii, Mexico et Nouvelle-Zélande. Cette énergie sombre a eu tendance à s'accumuler durant des millénaires à cause des guerres, des tortures en masse et même de l'énergie des expériences faites dans des civilisations anciennes comme l'Atlantide ou la Lémurie.

Qu'est-ce que l'Energie Sombre ?

On peut rencontrer l'énergie sombre sous forme d'esprit désincarné ou d'énergie émotionnelle ou d'énergie simple. Souvent, elle est hautement chargée d'énergie en provenance de vortex, de portails ou de la Source. Quelquefois, l'énergie peut provenir de l'extérieur de notre système planétaire. Une telle énergie, d'un niveau élevé, doit être retirée en utilisant des procédures spécifiques. Normalement, le thérapeute communiquera avec un esprit désincarné qui s'est attaché au client, dans le but d'obtenir son accord pour le faire retourner vers la lumière. En ce qui concerne l'énergie sombre, il est peu probable que la communication soit possible ; il faudra donc l'enlever malgré elle. Ceci requiert une clarification. Le libre arbitre des êtres humains ou des énergies parasites est normalement respecté par la dimension spirituelle, parce que c'est la manière dont les âmes expérimentent et apprennent. Cependant, à cette période particulière de changement énergétique planéraire, l'énergie sombre fait tout simplement obstacle. Dans certaines situations les besoins supérieurs de l'humanité sont prioritaires sur les besoins individuels. Tout ce que le thérapeute a besoin de faire, c'est de s'assurer que les Anciens lui donnent la permission et facilitent la résolution de cet aspect à des niveaux spirituels plus élevés.

Les effets physiques de l'énergie sombre sur un client peuvent inclure un champ énergétique affaibli, un épuisement soudain, une incapacité à penser clairement, une irritabilité et un manque de motivation. Une exposition prolongée peut mener à de sérieux ennuis de santé. Si l'énergie s'incruste profondément dans le champ énergétique du client, cela peut devenir une possession spirituelle.

Etude de Cas – Le viol d'une Disciple spirituelle

Janet était une femme de 60 ans vivant dans une communauté spirituelle dans le sud de l'Angleterre. L'intensité de son histoire est édifiante :

> J'ai subi un viol en réunion en Inde. Avant cela, j'avais connu cinq épisodes psychotiques maniaco-dépressifs avec dix

séjours en hôpital, avec ECT (Electroconvulsivothérapie), médicaments antipsychotiques et deux ans dans une communauté thérapeutique alternative. Peut-être que mon expérience la plus traumatisante a eu lieu au moment où j'ai couru hors de la maison en état de psychose aiguë et que j'ai brisé la vitrine d'une boutique proche pour finir à la Prison de Holloway. Alors que j'étais dans un état psychotique, je fus mise dans une celllule d'isolement avec une camisole de force. Les hallucinations que j'ai eues étaient dingues et terrifiantes - des scorpions rampaient au sol et d'énormes boas constrictors rampaient autour de la cellule. Myra Hindley *(criminelle notoire des années 60 en Angleterre - ndt)* coulait en noir des murs, suintant d'horreur et je me trouvais dans la nuit de pure terreur qui constitue la réalité et la croyance de l'état psychotique. Quand je fus libérée, je partis pour la France, mais j'aboutis dans un hôpital psychiatrique à Lille où je fus attachée au lit au niveau de la poitrine, des poignets et des chevilles et fus abandonnée là pour un sevrage de mes médicaments.

En 1975, je partis pour l'Inde et passai six ans auprès d'un Maître spirituel ; ce fut une période de joie et de guérison bien que je fus violée par un groupe d'hommes. Les premières années, j'avais pris l'habitude d'aller au bord de la rivière au coucher du soleil pour m'y asseoir et méditer auprès d'une petite étendue d'eau où les reflets du soleil formaient des jeux de lumière magique sur la surface de l'eau. Puis, un jour, alors que je me rendais à mon endroit, un groupe de grands Indiens d'origine Sikh avec des turbans arrivèrent sur leurs motos. Ils me suivirent, m'attrapèrent et me violèrent l'un après l'autre, sur place, dans l'herbe – il y en avait huit ou neuf. Je sortis de mon corps et me trouvai à les regarder "en bas" et à leur pardonner. Alors, il me traînèrent dans l'eau qui n'était pas très profonde et l'un d'entre eux me viola dans la rivière. Je sentis l'eau recouvrir mon visage et m'abandonnai à la mort. Ce fut une expérience transcendentale où j'éprouvai de la compassion pour les hommes qui me violaient, et tout en leur pardonnant, je ressentis la paix profonde et la joie qui viennent de la rencontre imminente avec la mort. Cependant, mon corps, mon mental et mes émotions furent blessés et la peur me pénétra : la peur des hommes et une intolérance à toute forme d'abus, physique, mental, émotionnel ou spirituel, envers moi ou une autre personne.

Je voulus faire des recherches sur mon contrat d'âme et le comprendre mieux, particulièrement au sujet de la maladie mentale que j'avais eue durant cette vie. C'est comme si j'avais du mal à croire que j'étais un être de lumière après avoir subi tant de traumatismes et de négativité. Je sentais un voile qui m'obscurcissait et m'empêchait de me connecter avec mon esprit.

Durant la première séance, tandis que je parlais de ces mémoires, je fus consciente que des énergies étaient balayées hors de moi, mais j'étais tellement absorbée dans ma propre histoire que je ne compris pas ce qui se passait. Cependant, je ressentis les effets de la séance le lendemain. Je me sentis incroyablement plus légère et claire, et quand je fus de retour au gîte où je séjournais, l'hôtesse m'ouvrit la porte et me regarda avec émerveillement. Elle me demanda ce qui était arrivé, car j'avais l'air beaucoup plus jeune et je rayonnais d'une lumière que je n'avais pas quand j'étais arrivée au début de mon séjour. Ma méditation m'a aidée à m'ouvrir et je me suis sentie reconnectée à la dimension spirituelle. Je suis également moins dans le jugement envers les hommes abusifs. Cela fait maintenant plus d'un an que j'ai reçu les séances et je me sens toujours plus légère et plus claire, comme si le voile d'obscurité s'était levé et le passé compris, intégré et mis de côté.

Travailler avec l'Energie Sombre

Durant sa vie d'évènements traumatiques, incluant la psychose, l'hospitalisation et le viol, Janet avait accumulé des énergies sombres sous la formes de nombreuses énergies parasites, ainsi que des formes pensées hautement chargées et des émotions entremêlées avec de nombreuses mémoires non résolues. Quelques-uns de ces aspects auraient pu être traités avec de nombreuses séance de régression traditionnelle et de nettoyage d'énergie. Cependant, cela aurait été incroyablement long de revisiter et de recadrer autant de mémoires individuelles traumatiques en utilisant une approche conventionnelle.

Donc, la première séance, guidée par les Anciens, comporta le fait de faire immédiatement tourbilloner de l'énergie sombre vers l'extérieur, puis démêler le reste de l'énergie sombre de souvenirs conscients – le principal étant le viol. Ceci impliqua d'affaiblir l'énergie sombre et de la chasser à l'extérieur après que chaque souvenir ait été exploré. Nous passâmes peu de temps à chercher une nouvelle perspective spirituelle car Janet avait déjà pardonné aux hommes qui l'avaient violée. Noter qu'il ne fut pas nécessaire de faire de la thérapie corporelle, car l'énergie retenue dans les mémoires du corps fut automatiquement libérée en même temps que les énergies sombres.

Une seconde séance avec Janet de vie entre les vies fut utilisée pour l'aider à comprendre les contrats spirituels de sa vie courante. Elle découvrit que la psychose avait été planifiée d'avance pour que son âme et celle de son père puissent comprendre et guérir une lutte de pouvoir qui avait eu lieu entre eux durant plusieurs vies. Son père était également maniaco-dépressif et en ressentant sa douleur, elle en vint à l'aimer. Elle dit : "Notre affaiblissement mutuel a permis que toutes les disputes se soient fondues dans l'amour inconditionnel". Le viol avait été prévu comme un moyen dramatique d'éveiller la spiritualité de Janet tandis qu'elle vivait dans une communauté qui pouvait l'aider à considérer les évènements depuis une perspective spirituelle.

Contrôle Intuitif Indépendant

Avant de s'intéresser aux techniques pour nettoyer l'énergie sombre, il y a une technique universelle dont le thérapeute aura besoin. Il s'agit d'une communication intuitive de type oui-non avec le client. Si le thérapeute est confiant dans l'utilisation du pendule, il peut s'en servir, mais l'auto-signal idéomoteur est plus rapide. J'utilise personnellement l'auto-signal idéomoteur et je l'enseigne à mes étudiants en thérapie de régression. C'est incroyablement efficace pour vérifier de manière indépendente, les réponses idéomotrices d'un client durant la thérapie conventionnelle. Il est important que le thérapeute fasse confiance seulement à ses propres réponses idéomotrices, car les réponses du client peuvent être contaminées ou bloquées par l'énergie sombre. Pour ceux qui ne sont pas familiers avec cette technique, en voici les étapes :

1. Calmez le mental conscient. Ceux qui font régulièrement de la méditation ou de l'auto-hypnose trouveront cela plus facile.

2. Ayez l'intention que votre esprit lève un doigt de la main gauche ou droite pour indiquer "oui".

3. Laissez le mental conscient dériver et attendez qu'un doigt se lève.

4. Ayez l'intention que votre esprit lève un doigt différent de la même main pour indiquer un "non".

5. Laissez le mental conscient dériver et attendez qu'un doigt se lève.

6. Etablissez l'intention que ces mêmes doigts seront utilisés lors de communications futures pour fournir des réponses oui-non.

La partie la plus dure est de lâcher prise. Si le doigt ne se lève pas, c'est le plus souvent parce que le mental conscient est actif et que la partie analytique prend le dessus sur la réponse intuitive. Quelquefois, un énergie parasite dans l'énergie du thérapeute peut bloquer le mouvement des doigts.

Accroître sa confiance dans le fait que le signal est indépendant du mental conscient et que l'on peut se reposer sur son exactitude est important. Cela va se construire avec des contrôles. Je demande aux étudiants de travailler par deux pour confirmer les réponses et de vérifier avec des pendules pour ceux qui sont à l'aise avec leur utilisation. Cela pourrait être des questions comme : "Ma protection énergétique est-elle suffisante ?" ou "Ai-je de l'énergie qui ne m'appartient pas ?" ou "Ai-je des problèmes non-résolus dans ma vie ?" Plus on pratique cette technique, plus elle devient efficace et plus il est facile d'éviter l'interférence du mental conscient.

Lorsque la réponse vient rapidement après la question, ou quelquefois avant même que la question ait fini d'être posée, il est peu probable qu'une interférence consciente ait eu lieu.

Nettoyer l'énergie sombre des clients

Nous allons maintenant considérer le processus en cinq étapes pour nettoyer l'énergie sombre des clients. Ceci est fait en silence avec le client en état de relaxation, les yeux fermés et ne prend que quelques minutes.

Etape 1 — Permissions et contrôles

Nettoyer l'énergie sombre requiert l'assistance des Anciens, de guides spirituels ou d'autres esprits lumineux experts. Dans le récit qui suit, j'utiliserai le nom d'"Anciens" comme nom collectif pour toutes ces catégories. Nous avons tous un lien avec les Anciens, au moins pendant l'étape de plannification de notre temps entre deux vies. Ce lien peut être renforcé par la méditation, les techniques énergétiques et les régressions. Cependant, des fragments d'énergies parasites relâchées antérieurement ou d'énergie sombre peuvent bloquer ce lien et interférer avec l'authenticité des informations reçues des sphères élevées des dimensions spirituelles. Pour cette raison, il est important de nettoyer tous les canaux intuitifs qui vont être utilisés, avant de commencer une séance où l'on va traiter de l'énergie sombre.

Ceci peut être fait rapidement et si un thérapeute fait beaucoup de nettoyages d'énergies sombres, il pourra l'inclure cette étape dans sa routine de méditation :

- Visualisez le lien intuitif avec les Anciens et avec votre intention, envoyez une énergie blanche dans un mouvement ascendant et tourbillonnant vers le haut du lien. Une énergie nettoyante de couleur peut être utilisée si cela semble intuitivement nécessaire. Le thérapeute peut vérifier avec son signal idéomoteur que le lien est dégagé.

Avant de nettoyer l'énergie sombre d'un client, le thérapeute aura également besoin de vérifier qu'il a la permission des Anciens :

- Formez l'intention de vous connecter aux Anciens et vérifiez avec le signal idéomoteur que la permission est donnée de retirer l'énergie sombre.

Normalement, l'énergie sombre est issue de l'énergie de la Source et doit y être retournée. Occasionnellement, une partie ou l'ensemble de cette énergie peut venir de vibrations plus élevées que la Source, en dehors du système planétaire – la Source Cosmique – et doit être retournée à cet endroit. Un contrôle par signal idéomoteur peut confirmer cela.

- Vérifiez avec le signal idéomoteur que l'énergie sombre doit être retournée à la Source ou à la Source Cosmique.

Toutes les vérifications ci-dessus peuvent être opérées avant que le client arrive. Mais durant l'entretien le client devra également donner sa permission.

- Je leur dis qu'ils ont accumulé de l'énergie dans leur champ vibratoire et qu'on doit la nettoyer, comme de retirer de la poussière sur un manteau. Quelquefois, j'en parle en tant qu'énergie sombre et cherche à savoir si d'autres membres de la famille en ont.

Etape 2 – Protection du Thérapeute et autres

Le principe de toute protection est que l'énergie suit la pensée. La façon la plus simple de se protéger est d'avoir l'intention d'avoir une protection énergétique autour de son aura. Par exemple, on pourra se voir debout sous une cascade d'énergie de protection, ou se vêtir d'un manteau d'énergie blanche.

Cependant, lorsqu'on travaille avec de l'énergie sombre, les protections énergétiques habituelles peuvent ne pas suffire. Il est très dangereux pour les thérapeutes d'imaginer qu'ils peuvent compter sur leur protection énergétique habituelle – quelle qu'elle soit. Alors que l'énergie sombre peut être retirée de l'aura du thérapeute, même des fragments résiduels peuvent causer des épuisements énergétiques sérieux. C'est pourquoi il vaut mieux prévenir ce type de problème.

Une façon de créer une barrière énergétique plus forte est d'émettre l'intention d'amener l'énergie directement de l'Univers à travers le chakra couronne et le chakra du coeur du thérapeute et de s'en entourer. Si le thérapeute a effectué la plus grande partie de son travail inachevé, ce flux d'énergie est très efficace.

Bien sûr, être dans un corps humain avec des problèmes non résolus peut faire que des émotions négatives surviennent. Ceci peut rendre l'aura vulnérable ; c'est pourquoi il faudra utiliser une protection plus précise. Cela implique la sélection de différentes énergies colorées qui auront des propriétés vibratoires différentes de façon à ce que la protection soit ciblée pour les différentes parties du corps. Un contrôle avec le signal idéomoteur sera effectué si besoin. Les étapes pour créer cette protection sont les suivantes :

1. En état de transe légère contacter votre guide spirituel ou votre partie la plus élevée. Emettez l'intention d'avoir la protection personnelle correcte au moment de nettoyer de l'énergie sombre.

2. Concentrez-vous sur le noyau intérieur de votre âme et demandez de quelle couleur est-il nécessaire de l'entourer pour le protéger. Grâce à votre intuition ou votre guide spirituel, la réponse va venir. Formez l'intention que l'énergie de cette couleur va descendre et envelopper votre noyau intérieur.

3. Demandez quelles autres couleurs sont nécessaires et répétez la procédure pour faire descendre les énergies de couleur une à une.

4. Faire tourbillonner les énergies de couleur ensemble peut créer une protection supplémentaire ; alors, demandez cela aussi, si besoin.

Ceci établit la protection du noyau intérieur. Le focus suivant concerne les chakras. Les énergies parasites vont toujours au point le plus faible. Il s'agit souvent du chakra proche de l'endroit où se trouvent des mémoires émotionnelles non résolues, c'est pour cela qu'il est important de mettre une protection supplémentaire à ce niveau :

5. Demandez si une énergie de couleur est nécessaire pour protéger le chakra couronne. Si c'est le cas, faites la descendre avec votre intention et entourez-en le chakra. Vérifiez si d'autres couleurs sont nécessaires et si besoin faites les descendre une à une. Si besoin, faites les tourbilloner ensemble pour plus de protection.

6. Répétez avec les six autres chakras – troisième oeil, gorge, coeur, plexus solaire, sacré et racine.

Ceci prend soin de la protection des chakras. La partie suivante concerne l'aura.

7. Demandez quelle énergie de couleur est nécessaire pour l'aura et faites la descendre pour en entourer l'aura avec votre intention. Vérifiez si d'autres couleurs sont nécessaires et si besoin, faites les descendre une à une. Si nécessaire, faites les tourbillonner ensemble pour une protection supplémentaire.

8. Demandez si vous avez besoin d'autres énergies de couleur lorsque vous travaillez dans des zones d'énergie dense ou avec des personnes qui vous syphonnent au niveau énergétique.

9. Vérifiez avec le signal idéomoteur si la protection est en place.

La protection contre les énergies sombres est un domaine que les Anciens ont raffiné durant les dernières années. Ils ont même ajouté l'utilisation d'huiles essentielles sous la forme de petites gouttes appliquées sur les trois chakra du haut, ou une vaporisation d'huile diluée autour du champ énergétique. Cela forme une vapeur qui remplit rapidement l'aura et évite à des fragments d'énergie de se coller à elle. Il vaut mieux utiliser un mélange d'huiles spéciales, effectué avec les conseils des anciens.[3]

- Lorsqu'un thérapeute travaille avec des énergies sombres un contrôle final à l'aide du signal idéomoteur est nécessaire pour être sûr que la protection énergétique en place est suffisante.

L'autre aspect de la protection est qu'un endroit sûr doit être créé pour protéger les personnes se trouvant dans des pièces proches :

- Formez l'intention de faire descendre l'énergie de l'univers pour créer une barrière énergétique autour de la pièce de consultation thérapeutique.

Enfin, tous les liens personnels avec ceux qui n'ont rien à voir doivent être rompus pour empêcher des fragments d'énergie sombre de les atteindre :

- Formez l'intention que ceci peut être fait individuellement pour tous ceux avec qui le thérapeute a une relation proche et en groupe pour tous les autres. Sceller les liens avec de l'énergie de couleur rouge apporte une protection supplémentaire contre les fragments d'énergie sombre. Après avoir fait cela, il est important de ne pas penser aux personnes en question jusqu'à ce que le nettoyage soit complet, sinon l'on va recréer une connexion.

L'autre principe de protection est de surmonter sa propre peur. Il est important de souligner qu'appeler des centaines d'archanges et de figures religieuses est inutile et peut s'avérer contreproductif car cela est basé sur une peur sous-jacente et peut se transformer en crochet pour des énergies parasites. Comme indiqué précédemment, les énergies parasites et tous les aspects de l'énergie sombre sont de l'énergie en provenance de la Source dont la lumière est absente, tant que l'on prend des précautions, il ne devrait y avoir aucun souci à faire ce travail. C'est un peu comme soulever une cassorole chaude au dessus de la plaque de cuisson.

Etape 3 – Créer des portails et des canaux de circulation d'énergie

Ceci demande de travailler directement avec les énergies élevées de la Source. Vérifiez si vous avez cette connexion en utilisant un pendule ou votre propre signal idéomoteur et sinon demandez aux Anciens. Si vous avez des problème non résolus, il se peut que vous n'y arriviez pas avant qu'ils soient tous traités.

J'utilise le mot *Portail* pour désigner le canal d'énergie créé *depuis* le client *vers* la Source pour enlever l'énergie sombre. Lorsque le thérapeute est dans l'aura du client, le Portail peut simplement être créé du thérapeute vers la Source. Faire tourbillonner l'énergie au travers de ce Portail aidera à l'ouvrir et à le tenir prêt pour s'en servir :

Je veux créer un Portail de moi vers la Source et le nettoyer avec de la lumière blanche.

J'utilise les mots *Lien d'Energie* pour désigner une nouvelle énergie *depuis* la Source, via le thérapeute, *vers* le client. En utilisant les chakras le thérapeute agit comme un transformateur pour ajuster intuitivement les niveaux d'énergie les plus élevés au niveau requis pour retirer l'énergie sombre.

Le premier Lien d'Energie vient *de* la Source. Il se connecte au chakra couronne du thérapeute et ensuite *depuis* son chakra du coeur au chakra du coeur du client.

Je veux créer une ligne énergétique *de* la Source vers mon chakra couronne et *de* mon chakra du coeur *vers*.... (le client) avec l'intention de nettoyer son énergie sombre.

Une énergie terrestre naturellement élevée survient à l'endroit où les lignes énergétiques se rencontrent et forment un tourbillon. Ceci est appelé un *vortex*.[4] Par exemple Sedona aux Etats-Unis et Machu Pichu au Pérou forment des vortex. Si le thérapeute a personnellement visité et fait l'expérience d'un vortex ou d'un autre centre énergétique terrestre, cela lui fournit un ancrage lorsqu'il crée une ligne énergétique. Ou bien, on peut demander aux Anciens d'être connecté à une source énergétique terrestre. Cette énergie est amenée dans le chakra base du thérapeute et ressort de son chakra du coeur vers le client.

Je veux créer une ligne énergétique *depuis*.... (vortex) vers mon chakra base et *depuis* mon chakra du coeur *vers*.... (le client) avec l'intention de nettoyer son énergie sombre.

Etape 4 – Nettoyer l'Energie Sombre

Le niveau d'énergie utilisée dans le nettoyage est important. Il faut suffisamment d'énergie pour affaiblir l'énergie sombre pour pouvoir la retirer, mais une trop grande quantité peut submerger le corps physique du client et fragmenter l'énergie sombre. Parce que l'intention est formée de nettoyer l'énergie sombre en utilisant la ligne énergétique, on va opérer de façon intuitive :

Augmenter le niveau d'énergie dans les Lignes Energétiques pour enlever l'énergie sombre.

Tandis que l'énergie sombre commence à partir, le thérapeute peut contribuer dans cette intention en utilisant ses mains *comme s'il* la balayait vers le Portail. Faire tourbillonner l'énergie sombre pour la faire passer dans le Portail et la retourner vers la Source aidera au nettoyage, sinon une partie peut rester collée, se fragmenter et rester attachée à la Terre :

La faire tourbillonner jusqu'à la Source.

Si le thérapeute oscille de la tête, cela aidera dans l'intention. Tandis que l'énergie sombre franchit le Portail en direction de la Source, le thérapeute peut intuitivement la voir ou la sentir.

Parfois, un supplément d'énergie sera nécessaire. Ceci sera ressenti intuitivement. Peut-être un niveau de vibration plus élevé est requis et dans ce cas la Source Cosmique sera utilisée.

Je veux créer une autre ligne d'énergie *depuis* la Source Cosmique vers mon chakra couronne et *de* mon chakra du coeur *vers*.... (le client) avec l'intention de nettoyer l'énergie sombre.

Parfois, de l'énergie terrestre supplémentaire sera nécessaire. Cela sera ressenti intuitivement.

Je veux créer une autre ligne énergétique *de*.... (vortex) vers mon chakra base et *de* mon chakra du coeur *vers*.... (le client) avec l'intention de nettoyer l'énergie sombre.

Utilisez le signal idéomoteur pour confirmer que toute l'énergie sombre a été retirée.

Etape 5 – Soin final, Contrôle et Fermeture

- Canaliser de l'énergie universelle vers l'aura du client de la façon utilisée habituellement après une libération d'énergie parasite, en utilisant le Reiki ou une méthode de guérison spirituelle.
- Le Portail et la ligne énergétique peuvent être fermés en intention.
- Nettoyer la connexion intuitive vers les Anciens.
- Réaliser un contrôle idéomoteur pour vérifier que le thérapeute n'a pas d'énergie sombre, ainsi que tous les gens connus par le thérapeute. Si le thérapeute est contaminé, la procédure de retrait de l'énergie est décrite plus loin dans le chapitre.
- Les lignes énergétiques entre le thérapeute et le client ainsi que toutes les personnes qu'ils connaissent et qui ont été précédemment interrompues peuvent maintenant être rétablies, et la protection énergétique mise en place dans la pièce peut être retirée en en formant l'intention.

Etude de cas – L'énergie parasite persistante

Rebecca avait eu une enfance difficile. Sa mère était une alcoolique et la battait souvent. Une fois, elle tint un couperet de boucher contre le cou de Rebecca et menaça de la tuer. Le schéma se renouvela avec un compagnon qui était également un

Travailler avec l'Energie Sombre

alcoolique et un toxicomane. Durant la thérapie de régression initiale, plusieurs énergies parasites furent enlevés, mais un d'eux ne semblait pas bouger. Rebecca me fut alors adressée. Voici son histoire :

> Sans l'intervention de voyants et de thérapeutes, je n'aurais pas eu conscience de la présence d'Abe. Sur la durée, toute l'information que j'ai reçue des personnes qui ont essayé de m'aider, est devenue une forme de liste de prises de conscience et de répétitions, renforçant la validité de ce qu'ils avaient trouvé. Il y a eu dix personnes qui ont essayé de m'aider à propos d'Abe. Ces personnes ont utilisé plusieurs méthodes, comme couper les liens, des visualisations, des guides, des canalisations de personnes expertes, de la guérison par le son, des pratiques chamaniques, des cristaux, et le traitement des blocages en état de transe. Pendant une séance avec une thérapeute qui est une intuitive, on a noté qu'Abe m'avait quittée un moment pour aller "vérifier la thérapeute". Tandis qu'il se déplaçait autour d'elle, elle sentit son énergie et il toucha sa jambe. Elle sembla dégoûtée et quelque peu violée tandis qu'elle décrivit ce qui lui arrivait.
>
> Je commençai à prendre la situation au sérieux après que la cinquième guérisseuse intuitive eût repéré Abe. Je revenais tout juste du Myanmar et étais très incommodée par des symptômes du genre de la malaria, mais les médecins n'arrivaient pas à diagnostiquer le problème. J'allai voir une thérapeute. Comme les précédentes, les mots qu'elle prononça, même si ce n'étaient pas les mêmes, étaient très similaires et je me dis qu'il devait y avoir un fond de vérité à tout cela. La thérapeute dit qu'elle ne pouvait pas retirer Abe, car il était plus fort qu'elle et que les connaissances qui l'avaient amené jusqu'ici étaient anciennes et au-delà de notre époque. J'allai voir son professeur, qui essaya de l'enlever, mais Abe revint.

A un moment, je me reposais sur mon lit quand soudain je me sentis immobilisée. Quelque chose était en train d'essayer de m'étrangler et je sentis un poids assis à califourchon sur moi. Mes yeux étaient fermés et j'étais incapable de les ouvrir, mais j'étais éveillée. Je luttais pour me relever. J'entendais ma belle-mère chanter au premier étage. Puis soudainement, cela s'arrêta. Pendant un moment, je restai allongée sur mon lit à contempler le plafond dans un état de choc. A chaque fois que je méditais, j'avais l'impression d'être étranglée et ne pouvais continuer. Plus j'allais profond dans la méditation, en essayant d'ignorer l'effet de suffocation qui avait lieu à l'arrière plan, plus il était difficile pour moi de retrouver mon calme. Certaines fois, je dus arrêter la séance de méditation, cherchant mon souffle.

Les médiums qui avaient vu ou senti Abe décrivaient un être masculin sombre et dominant dans mon champ énergétique. Il avait des yeux puissants et perçants. Lorsqu'ils l'apercevaient, leur expression faciale se figeait comme s'ils entrevoyaient leur mort.

Lorsqu'Andy commença son travail, je fis un effort pour me relaxer dans un état méditatif. Lorsque je fus dans cet état je réalisai que je pouvais "sentir" l'entité que je pensais être Abe bouger dans mon corps et son refus de s'en aller. Je sentis des zones de mon corps attrapées au hasard désespérément, comme s'il essayait de s'agripper, de s'accrocher à ce qu'il pouvait. Lorsque j'essayai de contribuer à son départ, le sentiment devint encore plus fort. Tandis qu'Abe s'en alla, je sentis des "restes" de lui encore attachés à diverses parties de mon dos, que j'aidai à enlever en repoussant son énergie vers l'extérieur.

Après la séance, une partie de moi était contente qu'Abe soit parti, une autre avait peur qu'il revienne. Depuis lors, j'ai noté des changements subtils dans mon énergie et dans mes schémas mentaux. J'ai réalisé toute l'influence qu'Abe avait eue. Andy avait raison sur le fait qu'une fois que j'ai été "nettoyée", j'ai pu identifier tous les changements d'énergie assez rapidement. Peu de temps après notre séance, pendant une méditation silencieuse, je sentis une autre entité entrer dans mon champ énergétique. Le changement qui s'ensuivit dans mon énergie était apparent. Cette entité fut enlevée lors d'une séance ultérieure avec une thérapeute en régression. J'ai fait quelques séances avec elle pour travailler sur des problèmes apparus dans ma vie courante et dans l'enfance, les blocages liés à la méditation et l'essai de différentes visualisations pour créer une protection. Un des plus grands changements que j'ai remarqués est mon énergie sexuelle. Abe avait une libido insatiable, mais depuis son départ, je peux dire que je suis plus paisible et en contrôle de cette énergie de promiscuité sexuelle qui avait été une calamité et une source d'ennuis.

La nature exacte ou l'origine de cette "énergie nommée Abe" est moins importante que l'effet profond qu'il avait eu sur Rebecca. Les contrôles idéomoteurs ont confirmé que l'on pouvait le considérer comme une énergie sombre, donc il fut retiré en utilisant les techniques discutées plus haut. Une conséquence inhabituelle du nettoyage fut que pendant le processus Rebecca fit l'expérience de saccades musculaires et de sensations corporelles qui décrurent progressivement ensuite. Les contrôles idéomoteurs confirmèrent que des fragments d'énergie sombre étaient encore dans son champ énergétique et le processus fut répété jusqu'à ce qu'ils furent tous enlevés. Ceux-ci pouvaient venir d'Abe ou du passé traumatique de Rebecca. Une thérapie de régression continue fut nécessaire pour traiter tous les autres problèmes.

Nettoyer l'énergie sombre du thérapeute

Bien sûr, toute l'importance d'utiliser une protection et de suivre soigneusement les étapes recommandées et d'éviter qu'une énergie sombre ne vienne contaminer le champ énergétique du thérapeute. Mais des erreurs peuvent être faites et si une énergie sombre est venue s'attacher, elle doit être retirée le plus vite possible. Normalement, il s'agira seulement de fragments, donc la procédure simplifiée doit être suivie de préférence après le départ du client :

Etape 1 — Permissions et contrôles

- Dégager la ligne intuitive vers les Anciens.

- Confirmer que l'énergie sombre ou les fragments d'énergie se trouvent dans votre champ énergétique.

Etape 2 — Protégez les autres

- Couper et sceller les liens énergétiques avec tous les gens que vous connaissez et mettre une barrière énergétique autour de la pièce.

Etape 3 — Canaux de flux d'énergie

- Le Portail et les Lignes Energétiques sont créés comme discuté précédemment avec l'intention de nettoyer l'énergie sombre de vous-même.

Etape 4 — Nettoyer l'énergie sombre

- Alors que l'énergie sombre est retirée vous pouvez sentir intuitivement le besoin de passer vos mains dans votre aura pour pousser l'énergie sombre vers le Portail. Cela contribuera à focaliser votre intention. Continuez à accroître le flux énergétique jusqu'à ce que l'énergie sombre soit enlevée.

Etape 5 — Soin final et contrôle

- Les contrôles finaux peuvent être effectués pour vérifier que toute l'énergie sombre a été enlevée. Les canaux de passage de l'énergie peuvent être refermés, les liens énergétiques rétablis avec toutes les personnes que vous connaissez.

Nettoyage à distance de l'énergie sombre

Retirer de l'énergie sombre de clients peut aussi être effectué à distance, même si le client est à l'autre bout du monde. Cependant, le thérapeute doit prendre des précautions supplémentaires pour être sûr que des fragments d'énergie sombre ne vont pas venir contaminer son champ énergétique. Il est même plus important d'utiliser des huiles de protection énergétiques.

Les étapes sont similaires à celles discutées plus haut avec juste quelques petites différences :

- Si c'est possible, il faudra prévoir un jour et une heure où le client est seul et prêt à recevoir le travail. Cela permet également au client d'être conscient des changements dans son aura lorsque l'énergie sombre aura été retirée.

- Le Portail doit être créé depuis le client à distance *en direction* du thérapeute et ensuite *vers* la Source. Les lignes énergétiques restent comme précédemment.

- Lorsqu'il retire l'énergie sombre, le thérapeute peut tout de même utiliser ses mains intuitivement pour tirer l'énergie hors du client. Bien que le client soit dans un lieu éloigné, cela renforcera l'intention du thérapeute.

- Ensuite on peut envoyer un texto ou un email ou appeler au téléphone pour confirmer que le travail a été fait et obtenir un retour d'information du client.

Nettoyage rapide d'énergies parasites

Cette technique peut être utilisée pour nettoyer des énergies parasites usuelles qu'on pourrait nettoyer avec d'autres techniques - cela accélère juste la procédure. Après qu'il ait été établi que le client a un énergie parasite et que vous avez la permission de la retirer sans lui parler, le Portail et les Lignes Energétiques peuvent être créés pour le nettoyer. La plupart des contrôles et de la protection énergétique utilisés avec l'énergie sombre ne sont pas nécessaires.

Nettoyer les blocages énergétiques du client

Les blocages émotionnels du clients peuvent être nettoyés également. L'intention est formée de nettoyer le blocage. Seuls le Portail et le Lien Energétique depuis la Source sont requis. Retirer l'énergie par couches successives et les amener vers le Portail pour qu'elles soient évacuées en tourbillon vers la Source permettra de nettoyer le blocage. Lorsque le thérapeute utilise ses mains dans un mouvement d'écaillage sur le blocage et ramasse l'énergie pour l'amener au Portail, cela contribue à renforcer l'intention. La cause du blocage devra tout de même être résolue en thérapie de régression.

Résumé

L'énergie sombre est une énergie hautement chargée qui provient de différentes sources situées à l'intérieur et à l'extérieur de notre système planétaire. Parce que la nettoyer d'un client demande une sensibilité particulière à l'énergie, une technique spécialisée a été conçue avec l'aide des Anciens. Elle requiert que le thérapeute établisse une ligne intuitive avec eux, qui doit être nettoyée avant et après avoir fait ce travail. L'exactitude de cette communication est vitale pour que le thérapeute soit sûr que toute l'énergie sombre et les fragments éventuels ont été enlevés. Créer une isolation énergétique assure la protection des amis et collègues du thérapeute. Le thérapeute pourra s'entourer de protection supplémentaire en utilisant des mélanges d'huiles essentielles.

Cette technique de nettoyage se base sur le principe que l'énergie suit la pensée. Alors que l'énergie sombre est normalement retournée suivant un mouvement tourbillonnant à la Source, un contrôle est nécessaire pour s'assurer qu'il s'agit de la destination correcte. Le niveau d'énergie requis pour évacuer l'énergie sombre doit être ajusté de manière intuitive. Des lignes énergétiques en provenance de la Source et d'un site terrestre ayant un vortex naturel sont nécessaires. Des contrôles doivent être faits à l'issue du processus pour vérifier que toute l'énergie sombre a été retirée et qu'il n'y a pas de fragments qui sont restés sur le thérapeute.

Le nettoyage à distance a des similarités avec le fait de

travailler avec quelqu'un de près, mais le Portail et les Lignes Energétiques doivent être rallongées du thérapeute au client éloigné. Un soin particulier est nécessaire lorsque l'on procède à cette opération pour être certain que l'on détecte et enlève immédiatement tout fragment d'énergie sombre qui pourrait être resté sur le thérapeute.

Liste de contrôle finale — Retirer l'énergie sombre des clients

Etape 1 — Permissions and Contrôles

- Nettoyer le lien intuitif aux Anciens.
- Obtenir la permission et l'aide des Anciens pour aider à nettoyer l'énergie sombre.
- Vérifier que la destination de l'énergie sombre est bien la Source.
- Obtenir la permission du client.

Etape 2 — Protection du thérapeute et des autres

- Vérifier sa protection énergétique personnelle – utiliser des huiles de protection.
- Créer une barrière énergétique dans la pièce pour protéger les autres.
- Tous les liens personnels à ceux qui ne sont pas impliqués dans la séance doivent être coupés pour éviter que des fragments d'énergie sombre ne les atteignent. Ceci peut être

fait individuellement pour ceux avec qui l'on est en relation étroite et de manière groupée pour les autres. Sceller les lignes fournit une protection contre les fragments d'énergie.

- Après avoir fait cela, il est important de ne pas penser aux gens concernés jusqu'après que le nettoyage soit terminé, sinon un nouveau lien peut être recréé.

Etape 3 — Créer les canaux energétiques

- Créer un Portail énergétique *depuis* le thérapeute *vers* la Source et évacuer l'énergie à travers lui en un mouvement tourbillonant.
- Créer une Ligne Energétique *depuis* la Source vers le chakra couronne puis *du* chakra couronne vers le client avec l'intention de nettoyer l'énergie sombre.
- Créer une Ligne Energétique *depuis* un vortex terrestre vers le chakra base et ensuite *depuis* le chakra du coeur vers le client avec l'intention de nettoyer l'énergie sombre.

Etape 4 — Nettoyer l'énergie sombre

- Augmenter le niveau de cette énergie progressivement jusqu'à ce que l'énergie sombre commence à passer par le Portail.
- Si nécessaire, créer une Ligne Energétique vers la Source Cosmique via les chakras couronne et coeur et ajouter une autre Ligne Energétique terrestre via les chakras couronne et coeur.
- Le thérapeute peut soulever l'énergie sombre avec ses mains pour l'accompagner depuis le client jusqu'au Portail et par intention la faire tourbillonner pour l'envoyer vers la Source.

Ceci peut être visualisé ou ressenti intuitivement. Faire tourbillonner l'énergie sombre vers le Portail va aider dans la transition, sinon une petite quantité d'énergie sombre peut s'accrocher et se fragmenter. Ces fragments peuvent revenir plus tard et rester attachés à la Terre.

- Vérifier que toute l'énergie sombre a été retirée du client.

Etape 5 – Soin final et contrôles

- Acheminer de l'énergie de guérison pour sceller l'aura du client.
- Le Portail et les Lignes Energétiques peuvent être clos par intention.
- Vérifier que vous n'avez pas d'énergie sombre, de même que vos collègues.
- Les lignes énergétiques entre vous et les collègues que vous aviez interrompues précédemment peuvent être reconnectées.

A propos de l'Auteur

Andy Tomlinson BSc (psy), Dip RT, Dip HYP

Andy est diplômé en psychologie, psychothérapeute certifié et a exercé en tant que thérapeute en régression depuis 1995. Il est un des membres fondateurs de la *Earth Association of Regression Therapy,* la *Spiritual Regression Therapy Association* et la *Society for Medical Advance and Research with Regression Therapy.* Andy est l'auteur de *Guérir l'Âme Éternelle* and *Explorer l'Ame Eternelle.* De plus, il est le formateur principal de la *Past Life Regression Academy* qui propose des formations internationales. Pour plus d'information, visiter le site internet : www.regressionacademy.com.

RÉFÉRENCES

1. Science News, *NASA's AURA Satellite Peers Into Earth's Ozone Hole* (2005), voir le site internet : www.sciencedaily.com/releases/2005/12/051207105911.htm.
2. Science News, *NASA Solar Storm Warning* (2006), voir le site internet : http://science.nasa.gov/science-news/science-at-nasa/2006/10mar_stormwarning.
3. Power of Light, *Divine Aspect,* disponible sur le site internet : www.divineaspect.com.
4. Of Spirit and Soul, *Earth Vortices, Ley Lines and Tectonic Plates*, 2004, site internet : http://www.ofspiritandsoul.com/earth%20vortices/vortice.html.

3

Guérir l'enfant intérieur spirituel

Hazel Newton

La quête spirituelle commence, pour la plupart des gens, par une quête de sens.

Marilyn Ferguson

Introduction

Revisiter des souvenirs pénibles de l'enfance et observer des évènements du passé de notre perspective d'adulte peut être tout à fait transformateur. Nous pouvons cette fois-ci utiliser notre sagesse, nos expériences de vie et la connaissance qui en est résultée, et créer une opportunité pour une compréhension profonde, une libération et une guérison. Avec l'aide d'un thérapeute expérimenté, les évènements qui ont semblé si douloureux en tant qu'enfant, peuvent être revus, les leçons de vie comprises, des vérités intérieures profondes peuvent être exprimées et l'énergie immobilisée peut être transformée.

J'ai une compréhension profonde de différents traitements médicaux et holistiques et de leurs résultats. J'ai été tout d'abord une infirmière certifiée, puis une spécialiste clinique pour une entreprise pharmaceutique ; je suis à présent une hypnothérapeute clinique, une thérapeute en régression dans les vies passées et dans la vie entre les vies.

Ayant étudié et pratiqué avec un enthousiasme grandissant le traitement de l'enfant intérieur pendant de nombreuses années, j'ai récemment développé avec passion l'intégration d'une nouvelle approche spirituelle pour aider les clients à modifier profondément leur perspective sur des évènements de leur enfance. Pour la première fois, ils comprennent leur vraie nature spirituelle et le cheminement de leur âme alors qu'elle voyage à travers une myriade de vies dans sa quête d'expérience et de compréhension de soi.

Ce chapitre va vous présenter de nouvelles techniques spirituelles, en plus de détails sur celles plus traditionnelles et bien connues de guérison de l'enfant intérieur. Tandis que les causes à l'origine de nos pensées dérangeantes, nos émotions négatives, maladies et dissonances peuvent être retracées vers un moment de notre enfance ou d'une vie passée, parfois elles ne peuvent être totalement traitées que par une investigation plus profonde du plan de vie complexe et délibéré de l'âme. Cet aspect plus spirituel du travail sur l'enfant intérieur a pris forme lors de mon expérience personnelle durant les séances de vie entre les vies avec mes clients et en m'appuyant sur mes connaissances puisées dans le travail considérable de pionniers, essentiellement Michael Newton (sans relation avec moi). Cela a fourni un nouvel outil pour les thérapeutes qui peuvent l'utiliser avec le travail traditionnel sur l'enfant intérieur, ou comme technique à part entière.

La guérison spirituelle de l'enfant intérieur permet une compréhension plus profonde de situations antérieures par un examen depuis la perspective de l'âme, ce qui donne lieu à une transformation profonde. J'ai utilisé cette technique avec mes clients et avec les étudiants de la *Past Life Regression Academy*, et suivi tous les nombreux résultats positifs et transformateurs.

Principes fondamentaux

Que signifie réellement le terme "guérir l'enfant intérieur" ? Pendant l'enfance, nous pouvons faire l'expérience de traumatismes – un aspect de la vie qui est profondément douloureux et quelques fois presque insupportable. Dans des moments pareils le psychisme a plusieurs façons de protéger et aider l'enfant à survivre. La conscience peut quitter le corps temporairement pendant qu'il endure l'inconfort ou l'abus et aller voyager dans d'autres réalités – un parc pour aller y jouer, ou une une pièce pleine de poupées et de nounours. Elle peut même rester dans le voisinage et observer l'évènement douloureux dans un état très dissocié et détaché, d'une perspective hors du corps, regardant la situation d'en haut :

> Linda régressa à une époque où son père abusait d'elle sexuellement à l'âge de 7 ans. Elle quittait son corps et allait s'asseoir sur les escaliers hors de la chambre à chaque fois que cela arrivait. En grandissant elle se fit même appeler "Lynne" car elle ne pouvait pas ou ne voulait pas s'associer avec la partie plus jeune d'elle qui avait, dans son esprit, permis à la situation abusive de se produire. Donc, en substance, Linda devint "l'enfant intérieur figé" de Lynne.

Le psychisme se protège tout simplement lorsqu'il se détache de cette partie de lui qui vit le traumatisme. Dans le cas d'un évènement de l'enfance, il est vraisemblable que l'enfant victime se fige dans le temps, tandis que le reste de la personnalité continue à grandir. Parfois, ces souvenirs sont enfouis en dessous du niveau de la conscience ordinaire. Cependant, ils peuvent influencer inconsciemment la personne pendant qu'elle grandit, souvent de manière puissante et significative, durant toute leur vie. Ceci peut apparaître de différentes manières :

> Les croyances de la Petite Linda se manifestaient sous forme

d'une profonde méfiance à l'égard des hommes ; une croyance profonde que non seulement les hommes l'abuseraient d'une manière ou d'une autre, mais également, que l'abus était la seule manière dont elle pouvait connaître l'amour. Cette croyance devint une partie de Lynne tandis qu'elle grandissait. Comme la vie est un reflet de nos croyances intérieures, cela s'est concrétisé dans sa vie. Elle fut abusée de manière répétitive par de nombreux hommes durant son enfance et sa vie de jeune femme. Elle se maria même avec un homme qui l'abusa sexuellement tous les jours pendant les 25 ans que dura leur mariage. L'histoire de Lynne continue plus bas dans ce chapitre.

Le principe fondamental de la thérapie de l'enfant intérieur est de retourner à la source du traumatisme et de permettre au client d'être reconnecté à l'aspect figé de soi-même. Les évènements peuvent être alors recadrés avec une perspective nouvelle qui transforme les vieilles croyances et les comportements qui en résultent.

John Bradshaw est l'un des leaders mondiaux dans le domaine de la psychologie et du rétablissement, et l'un des plus grands pionniers dans le domaine de la guérison de l'enfant intérieur. Bradshaw a aidé des milliers de gens à découvrir la vérité sur les secrets et traumatismes de leur enfance. Il a développé d'excellentes techniques de guérison et réintégration de l'enfant perdu et figé avec sa forme adulte. Son livre *Retrouver l'enfant en soi* contient une somme d'informations pratiques et de techniques transformatives, et je le recommande vivement ainsi que ses livres suivants.[1]

Dans ma pratique, j'ai également incorporé les idées développées par Brandon Bays dans son livre *Le Voyage de guérison*.[2] Elle a développé d'excellentes techniques pour retourner à la source d'un traumatisme, pour le libérer et transformer la situation. Elle a enseigné et a guéri des milliers de gens avec ses livres et séminaires complets.

Plus récemment, j'ai intégré le travail de Debbie Ford, qui se focalise sur les principes de honte et de sous personnalités humaines. Celles-ci sont des masques que nous créons pour cacher notre "ombre" honteuse des autres et de nous-mêmes. Son livre *La part d'ombre du chercheur de lumière* est édifiant et hautement informatif.[3] De même avec son livre *Pourquoi j'ai fait ça : même les gens bien font des choses moches.*[4] Ces idées peuvent être approfondies en lisant le livre de Caroline Myss *Contrats sacrés.*[5]

LES ARCHÉTYPES DE L'ENFANT INTÉRIEUR

Ci-dessous se trouvent quelques archétypes de schémas comportementaux que les personnes vont avoir dans leur vie courante, sur la base de leur enfant intérieur figé :

- **Le Charmeur :** Je réprime mes sentiments pour que tout le monde se sente bien. Si je plais aux gens, ils m'aimeront et si tout le monde se sent bien, je ne serai pas rejeté. Plus tard dans la vie, je ne m'accorde pas de valeur. Je ferais n'importe quoi pour avoir une vie tranquille et je me sens souvent coupable. Je ne peux me relaxer que lorsque tout le monde a ce qu'il veut.

- **Le Performeur :** J'essaye de plus en plus fort pour prouver à mes parents que je suis assez bon pour être aimé. Plus tard dans la vie, je suis accro au travail et super stressé. Le succès est une question de vie ou de mort.

- **Le Rebelle :** Mes parents étaient dans le contrôle. La seule façon d'obtenir de l'attention était de faire quelque chose de mal et de créer des problèmes. Cela signifiait des ennuis, mais au moins, j'avais leur attention. Plus tard dans la vie, j'aime choquer et je suis souvent en colère. Habituellement, c'est parce que les gens ne veulent pas faire ce que je veux.

- **La Victime :** J'obtiens de l'attention quand je pleure et je dis à Maman que quelqu'un m'a fait du mal ou que je ne me sens pas bien. Si je pleure suffisamment, j'obtiendrai un peu d'amour. Plus tard dans la vie, c'est la faute de tout le monde autour de moi. Je ne peux pas prendre la responsabilité de ma vie parce que si je le fais, personne ne va s'occuper de moi. C'est toujours la faute de quelqu'un d'autre quand les choses vont mal dans ma vie.

- **Le Rationalisateur :** Je vis dans ma tête parce que c'est l'endroit où je me sens le plus en sécurité. Dans ma famille, les émotions étaient si accablantes qu'il était plus confortable de me déconnecter de mes propres émotions. Ma famille n'encourage pas les sentiments, on me disait toujours de ne pas pleurer ou de ne pas être en colère, donc, je ne sais pas gérer mes émotions. Plus tard dans la vie, je n'arrive pas à me rappeler la dernière fois où j'étais en colère ou triste.

- **Le Sauveur :** Plaire à mes parents les faisait m'aimer. Les autres enfants m'appelaient le "gentil" ou le "chouchou". Plus tard dans la vie, j'aime les victimes car je peux m'occuper de leurs problèmes. Je viens au secours des gens pour être sûr qu'ils dépendent de moi, car ça me fait me sentir en contrôle et utile.

Soin traditionnel de l'enfant intérieur

En se servant de la régression hypnotique on peut faire retourner les clients dans le temps à des évènements dont le mental conscient ne se souvient pas. Ces évènements de l'enfance sont responsables de leur comportement négatif et destructeur, ainsi que de croyances qui peuvent avoir causé des problèmes dans leur vie d'adulte.

Rencontrer et travailler avec l'enfant intérieur pendant une régression hypnotique crée une opportunité de transformer, guérir et intégrer la partie du client qui s'est "figée" ou "bloquée" à la suite d'un traumatisme dans leur enfance ou même à la naissance. Comme indiqué plus tôt, cet enfant intérieur bloqué contrôle et influence souvent les croyances, les pensées, le comportement et les émotions de l'adulte. Guider le client vers la source du problème permet une libération significative et une compréhension nouvelle de la situation d'origine. Réunir l'enfant intérieur et son soi adulte devient possible en donnant au client l'opportunité d'explorer à nouveau l'évènement avec une perception nouvelle.

Une fois que les évènements de l'enfance qui causent le problème présent ont été correctement révélés et que les pensées de l'enfant intérieur à leur propos ont été comprises, des dialogues intuitifs peuvent avoir lieu avec tous ceux qui sont concernés. Le soi adulte est ramené en arrière pour rencontrer le soi enfant pour qu'il se connecte affectueusement et lui donne de nouvelles forces et facultés. On demande alors aux deux de rencontrer énergétiquement l'agresseur qui est souvent le père ou la mère. L'enfant intérieur peut alors dire sa vérité en toute sécurité, en ce qui concerne l'évènement traumatique, et, pour la première fois être entendu par l'agresseur en s'assurant que mainntenant il/elle a complètement saisi l'impact dévastateur qu'a eu l'évènement sur le reste de leur vie. L'enfant intérieur observe alors et ressent la modification qui prend place en l'agresseur, qui a l'air de réaliser instantanément la situation et l'impact sur l'enfant. Cette modification de compréhension et de perspective de l'agresseur aide l'enfant intérieur immensément.

Réciproquement, l'enfant intérieur peut acquérir une compréhension de ce qui a poussé l'agresseur à agir de la manière dont il l'a fait – résultant peut-être d'évènements similaires dans sa propre enfance. Cette nouvelle perspective de toutes les parties est exceptionnellemnet puissante, et se finit souvent en accolades, pleurs et expressions de compréhension et d'amour. Avec cette connaissance l'enfant intérieur est encouragé à lâcher prise de l'évènement et de pardonner finalement, ce qui est profondément thérapeutique.

Le thérapeute guide le client adulte à donner à l'enfant intérieur des qualités de renforcement comme l'amour de soi, la confiance en soi, la force intérieure, l'assurance et la paix intérieure, pour les incorporer dans son psychisme. L'enfant intérieur est alors libre de grandir à l'intérieur du client, jusqu'à son âge actuel et de créér un changement énorme dans son énergie et une guérison remarquable pour lui-même.

Etude de cas – L'enfant qui avait perdu son père

Rosie avait 41 ans quand elle vint me voir et était profondément déprimée. Son mariage était en train d'échouer, son mari était violent verbalement et elle ne l'aimait plus, ni ne le respectait. Elle ne restait avec lui qui parce qu'elle avait peur de ne pas s'en sortir seule. Elle n'avait pas d'enfants et sentait un manque de buts dans sa vie.

Elle évalua son niveau d'anxiété à 10/10, avec une fréquence de quatre à cinq fois par jour, sur une durée de 20 minutes, mais quelque fois jusqu'à une heure. Elle prenait avec réticence des antidépresseurs qui ne semblaient pas du tout l'aider.

Après l'entretien, je fis régresser facilement Rosie vers une évènement récent qui avait eu lieu quelques semaines auparavant où elle avait ressenti de l'anxiété. Cela s'était passé au bureau où son patron avait été impatient à son égard, car elle ne lui avait pas donné des informations à temps. Elle se sentait inutile, incapable et impuissante, et des larmes commençèrent à rouler sur ses joues.

Je lui demandai de contacter le ressenti intérieur et de retourner vers un évènement plus ancien où elle avait ressenti la même chose. Au compte de 3, elle se retrouva dans une scène qui se passait quand elle avait 17 ans où son premier petit ami était sarcastique à son égard sur le fait qu'elle n'était pas en forme athlétique et en surpoids. Rosie me dit qu'à ce moment-là, elle n'avait que quelques kilos de plus que son poids idéal, et n'était pas intéressée par le sport parce qu'elle aimait lire et était particulièrement intéressée d'histoire. Mais ses mots furent coupants comme un couteau et elle se sentit insignifiante, sans importance, inutile et impuissante. Les larmes coulaient en abondance sur son visage.

Je lui demandai s'il s'agissait d'un sentiment familier ou d'un choc (ceci vous aide à savoir si vous avez découvert le problème d'origine) et elle répondit que c'était un sentiment très familier, alors je la fis remonter plus loin vers un évènement significatif préalable. Elle se retrouva dans une cour de récréation à l'âge de 6 ans. Rosie était arrivée dans une nouvelle école et tous les enfants avaient déjà leurs amis. Ils prenaient un malin plaisir à la narguer et à la persécuter, la faisant tomber et lui disant des choses méchantes et cruelles. Elle n'avait pas d'amis et se sentit totalement désespérée, impuissante, insignifiante, inutile et marginalisée. Son instituteur la traitait également de manière froide, toujours après elle en classe, lui posant des questions auxquelles elle ne pouvait pas répondre et l'humiliant devant les autres.

Je pensais que cela pouvait être la source du problème, mais elle sentit que c'était encore un sentiment familier, alors je la ramenai encore plus loin dans le temps. A l'âge de trois ans elle se trouva dans une scène où sa mère était en train d'hurler sur son père qui s'enfuit de la maison pour de bon. Elle était dans le salon et sa mère lui cria alors des paroles violentes, lui disant que c'était de sa faute s'il était parti, qu'elle était bonne à rien et qu'elle aurait voulu qu'elle ne soit jamais née. Ce fut un choc pour elle et elle s'immobilisa dans ce moment tandis qu'une part en elle croyait ce que sa mère avait dit – qu'elle était inutile et un fléau. C'est à ce moment que la croyance fut créée et prit racine dans son inconscient.

Je demandai à Petite Rosie d'attendre et je tapais doucement sur le front de Rosie pour demander à parler à Grande Rosie. Je suggérai à Grande Rosie d'asseoir Petite Rosie sur ses genoux, de l'entourer de ses bras et de la réconforter, de la façon dont elle aurait voulu être réconfortée quand elle était plus jeune. Je donnai un coussin à Grande Rosie pour qu'elle puisse mettre ses bras autour et approfondir l'expérience. Les larmes coulaient et elle se mit à sangloter lorsque je l'encourageai à libérer toute sa peine. Finalement, les sanglots s'arrêtèrent.

Je demandai à Grande Rosie de parler à Petite Rosie et l'encourageai à imaginer qu'elle regardait dans ses yeux pour lui dire qu'elle l'aimait. Elle fit cela de bon coeur et ce fut une belle scène à voir, alors qu'elle caressait doucement Petite Rosie, la réconfortait et lui disait qu'elle l'aimait tant, qu'elle prendrait soin d'elle dans le futur. Je parlai avec Petite Rosie et lui demandai ce dont elle avait besoin de la part de Grande Rosie. Elle dit qu'elle ne comprenait pas pourquoi tout était de sa faute. Qu'avait-elle fait de mal ?

Grande Rosie fut capable de raconter la vérité à Petite Rosie car elle avait la connaissance et la perspective d'une adulte sur la situation. Elle expliqua soigneusement et patiemment à Petite Rosie que ce n'était abosolument pas sa faute, et que Maman avait tellement mal qu'elle s'était défoulée sur elle car elle était tout près. Et également, elle ne voulait pas reconnaître le fait qu'elle était elle-même responsable pour le départ du père de Rosie. Ce fut très réconfortant pour Petite Rosie d'entendre cela et elles se firent toutes les deux encore plus de câlins.

Je demandai alors à Grande Rosie de prendre un grand bouquet de ballons de toutes les couleurs et je lui dit que chaque ballon contenait une qualité positive qu'elle pouvait donner à Petite Rosie pour la rendre plus forte. D'abord elle choisit un ballon rouge plein de courage. Petite Rosie dut le prendre, inspirer l'essence du courage et la sentir circuler dans ses jambes, dans son corps, ses bras, ses mains et sa tête. Elle expliqua que c'était merveilleux et qu'elle se sentait déjà plus forte. (La couleur rouge avait marché au niveau énergétique. Ceux d'entre vous qui ont étudié la thérapie par les couleurs savent la signification de chaque couleur. Je pense qu'il est toutefois important que ce soit le client adulte qui choisisse les qualités pour son enfant intérieur et que le thérapeute ne lui dise pas lesquelles donner. Mais, quelques suggestions et idées peuvent être utiles pour encourager les clients qui ne sont pas sûrs.)

Grande Rosie passa alors des ballons, un après l'autre avec les qualités nécessaires – un rose foncé pour digne d'amour, un ballon vert plein d'amour de soi, un ballon violet rempli de la capacité de faire des amis facilement, un ballon bleu rempli de sagesse et de la capacité d'avoir une vue d'ensemble, un ballon orange pour s'amuser et un ballon lilas plein de la connaissance qu'elle était parfaite et aimable juste comme elle était. Elle respira et absorba l'énergie de toutes ces qualités et forces que Grande Rosie pensait nécessaires qu'elle acquière pour grandir. Je suggérai un ballon final qui était de couleur arc-en-ciel et contenait toutes les autres qualités dont elle pourrait éventuellement avoir besoin. Ainsi elle pourrait toujours trouver ce dont elle avait besoin en elle-même.

Petite Rosie dit qu'elle se sentait merveilleusement bien et était prête à rencontrer sa mère intuitivement. Avec ses nouvelles forces, elle lui dit qu'elle était très triste que Papa soit parti et désolée que Maman aie si mal, mais elle n'était pas contente que Maman la blâme pour quelque chose qui n'était pas de sa faute. Tandis qu'elle écoutait Petite Rosie lui exprimer sa vérité de cette manière, Maman baissa la tête de honte à ce qu'elle avait fait. Rosie put sentir ses regrets et lui envoya une petite étincelle d'amour directement dans son coeur, après quoi Maman s'excusa abondamment et prit Petite Rosie dans ses bras. Grande Rosie s'adressa également directement à Maman, pour lui dire quel impact cela avait eu sur sa vie et comme tout cela avait été injuste. A nouveau Maman inclina sa tête de honte et expliqua qu'elle n'avait pas fait attention aux conséquences profondes et durables que ses mots et actions avaient eu et demanda pardon, ce que Grande Rosie lui accorda volontiers. Petite Rosie et Maman se serrèrent dans les bras l'une de l'autre, à l'aide d'un coussin qui servait d'accessoire, ce qui fut très thérapeutique pour elles deux.

Une fois que le dialogue fut terminé, les deux Rosies étaient en paix avec Maman. Je demandai alors à Grande Rosie de réduire Petite Rosie de façon à ce qu'elle puisse tenir dans la paume de sa main et qu'elle puisse pousser Petite Rosie à l'intérieur de son coeur, où elle pouvait maintenant grandir et devenir une part d'elle en bonne santé et parfaitement intégrée. Après cela Petite Rosie fut conduite à travers le temps, jusqu'à l'âge de 4, 5 et 6 ans, où elle fut amenée à revisiter les évènements significatifs de la cour d'école. Cette fois-ci encore Petite Rosie armée de ses nouvelles forces se trouva être le centre d'attention avec tous les enfants désireux d'être ses amis. Son énergie était différente, ainsi les enfants n'éprouvèrent pas le désir de s'en prendre à elle. Petite Rosie se sentit merveilleusement bien et de se fait se trouva dans la classe à répondre aux questions de l'instituteur de manière confiante et agréable. Elle allait de moment fort en moment fort et découvrit qu'elle était en fait très intelligente.

Je demandai à Grande Rosie de faire grandir Petite Rosie avec ses nouvelles qualités. Nous nous arrêtâmes à l'âge de 17 ans quand son petit ami lui avait dit qu'elle était trop grosse. Cette fois-ci elle se mit à rire et lui dit : "je suis superbe exactement comme je suis et si tu ne me trouves pas à ton goût, tu peux circuler, je trouverai un petit ami bien plus gentil qui pourra m'apprécier à ma juste valeur". Je suggérai alors qu'elle s'imagine dans une relation beaucoup plus saine et elle en fut ravie.

Elle continua à grandir et arriva aux évènements plus problématiques de son mariage. A chacun, elle transforma les souvenirs, exprimant sa valeur personnelle et ignorant les mots abusifs de son mari. Enfin, elle revécut un évènement récent avec son patron, alors qu'elle avait terminé une tâche en temps et en heure. Maintenant, elle se sentait pleine d'énergie et de confiance tandis que son patron la louait pour son efficacité.

Je m'appuyai sur ces expériences pour conduire Rosie dans un futur situé un mois plus tard, où elle fit intuitivement l'expérience d'être promue au travail. Puis six mois plus tard où elle partait en vacances extraordinaires avec sa meilleure amie. Enfin, elle fut conduite un an plus tard où elle recevait sa mère pour Noël d'une façon affectueuse et était dans relation merveilleuse avec un homme gentil, attentionné et admiratif.

Je ramenai Rosie au moment présent et elle ouvrit ses yeux. Un sourire immense et un regard incrédule illuminaient son visage. "Ouah !" dit-elle, "Je me sens déjà différente.

Tellement positive et forte." Nous avons discuté de la séance et fixé le rendez-vous suivant.

Elle revint un mois plus tard et les résultats de la séances étaient incroyables – son niveau d'anxiété était évalué à zéro ! Elle aimait son travail, avait arrêté les antidépresseurs avec l'approbation de son médecin et avait décidé de quitter son mari. Il semblait qu'ils se quittaient en bon termes et elle était enthousiaste à l'idée de son futur et à la perspective de rencontrer quelqu'un qui la traiterait comme une princesse !

Dans la séance suivante, nous fîmes un travail sur un autre problème, l'habitude de ronger ses ongles. Je reçus un e-mail d'elle six mois plus tard disant :

> Bonjour Hazel, je ne sais pas comment vous remercier pour la séance que nous avons faite plus tôt cette année, car ma vie est complètement transformée. Avant cette séance, j'étais déprimée, anxieuse et ne voyais pas du tout de futur pour moi. Ma vie s'est améliorée à 100 % depuis que nous avons eu la première séance. Je me sens complètement différente, plus libre et plus confiante. J'ai désormais une relation très agréable avec ma mère – relation largement améliorée et j'aime être en sa compagnie maintenant. J'ai également rencontré un homme extraordinaire. Il est veuf avec deux petits enfants âgés de 5 et 6 ans qui sont superbes. Je suis au septième ciel ! Nous sommes très amoureux, je suis capable de lui dire ce que je pense et il m'apprécie d'une façon que je n'ai jamais connue auparavant ! Et devinez la suite... J'ai été promue au travail de la manière exacte que nous avions vue lors de la séance. Je suis également mieux payée... beaucoup mieux ! J'ai aussi fait la peinture de tous ces beaux ballons pour me souvenir de ces qualités intérieures qui m'ont changé la vie.
>
> Je ne sais pas si je pourrai jamais assez vous remercier pour ce miracle. Je vais vous envoyer tous mes amis.

Guérir l'enfant intérieur spirituel

Cette étude de cas est en fait très typique et j'ai eu de nombreux clients qui ont souffert d'expériences traumatisantes semblables dans leur enfance – abus, persécutions, abandon, cruauté et autres. Tous les clients ne résolvent pas leurs problèmes en une séance et quelques uns pourraient très bien avoir besoin de trois séances ou plus. Quelques clients obtiennent un meilleur résultat lorsque l'on fait le travail sur l'enfant intérieur en même temps qu'une régression dans une vie passée. Les racines d'un problème complexe ou difficile se trouvent souvent dans le traumatisme non résolu d'une vie passée que l'âme a ramené dans la vie courante pour travailler dessus, transformer et libérer les émotions non résolues.

La guérison de l'enfant intérieur est un moyen incroyablement rapide pour la majorité des clients pour transformer rapidement des croyances inutiles et pour réintégrer leur enfant intérieur figé. Cela les libère et leur permet de profiter du reste de leur vie.

LE POINT DE VUE SPIRITUEL

L'aspect le plus significatif de la nouvelle guérison *spirituelle* de l'enfant intérieur que je veux partager avec vous est la fusion de l'approche traditionnelle avec une compréhension de la véritable raison d'être de notre âme. Dans ses livres pionniers *Journey of Souls* et *Destiny of Souls (Souvenirs de l'Au-Delà et Journées dans l'Au-Delà),* Michael Newton décrit comment il a fait régresser des milliers de personnes à l'endroit où les âmes vont dans la dimension spirituelle entre deux incarnations terrestres – dans l'état de "vie entre les vies".[6,7] Cette dimension spirituelle est notre vraie résidence, que nous quittons pour aller dans les vibrations plus denses de la Terre pour faire l'expérience des défis de la vie humaine.

Dans cet état entre les vies, les sujets décrivent comment ils bénéficient de guérisons, rencontrent leurs guides spirituels, procèdent à une revue de leur dernière vie, considèrent différentes options pour leur prochaine vie et sont guidés par un conseil d'Anciens lorsqu'ils font des plans pour la vie qu'ils ont choisie. Leurs découvertes durant ces séances leur donnent de nouvelles perspectives spirituelles et un sens nouveau et plus profond à leur vie. Souvent cela est suivi de changements notables dans leur santé, leurs relations et leurs croyances.

Newton décrit aussi comment l'âme est en fait responsable pour chaque aspect de sa vie humaine. L'âme choisit les leçons de vie qu'elle veut apprendre et dont elle veut se servir pour évoluer. Il y a d'habitude un thème général qui est partagé par les âmes membres d'un même groupe d'âmes, associé aux leçons de vie individuelles sur lesquelles l'âme peut travailler durant plusieurs vies. Ainsi, une âme qui travaille sur le contrôle, par exemple, pourrait décider de choisir une vie où elle se sent contrôlée ayant eu auparavant une vie où c'est elle qui contrôlait. D'autres âmes sont choisies ou sont volontaires pour travailler avec nous et nous aider à avoir l'expérience que nous désirons, tout en travaillant sur leurs propres leçons de vie par la même occasion ; nous parlons alors de contrats d'âmes pour nommer ces accords.

Il peut être difficile d'être témoin de la douleur et du tourment qui semblent inhérents à de nombreuses expériences de vie ici sur Terre. Cependant, nous pouvons aussi nous rendre compte que chacun, malgré son apparence, est une âme qui mène à bien son plan de vie, comme un acteur dans un film. Les âmes jouent tous les rôles pour explorer tous les aspects de la vie humaine dans le but d'évoluer. Même des vies particulièrement difficiles ont habituellement été *choisies* par des âmes très courageuses ou très expérimentées.

Cette citation anonyme appelée *Le Voyage de l'Ame* nous donne une idée des contrats d'âme :

Il y avait une âme dont le temps était venu de prendre forme humaine et alla donc dans une grande caverne dans le vide

Guérir l'enfant intérieur spirituel

infini où toutes les âmes similaires se rendaient. Dans la caverne, il y avait des centaines de milliers d'âmes, chacune apparaissant comme une petite flamme bleue.

Alors l'âme parla et dit : "Et sur Terre, si je dois apprendre les plus grandes leçons, les leçons d'humilité, de tolérance devant la provocation et d'amour envers ceux qui me haïssent, j'aurai besoin d'ennemis. J'ai besoin que des gens me détestent, m'abusent et soient violents à mon égard. Qui veut faire cela pour moi ? Qui veut être mon ennemi sur Terre ?"

Il y eut une longue pause dans la caverne jusqu'à ce qu'enfin un petit groupe approche et dit : "Nous sommes de ton groupe d'âmes. Nous t'avons connu et aimé depuis des siècles et ton apprentissage et ton évolution nous sont aussi chers que les nôtres. C'est une tâche des plus délicates et difficiles et si tu dois être abusée et blessée, il vaut mieux que ce soit par des amis aimants. Nous serons tes ennemis sur Terre."

Alors, avons-nous créé de tels accords avec les autres avant notre incarnation courante ? Je pense que oui. Nous nous défions avec des leçons et des situations qui vont donner à nos âmes l'opportunité d'apprendre et grandir. En même temps, nous aidons d'autres âmes avec leurs propres leçons de vie.

Voyons maintenant comment cette approche spirituelle peut être intégrée à la guérison de l'enfant-intérieur.

ETUDE DE CAS – L'ENFANT DONT LES AMIS ÉTAIENT INVISIBLES

La guérison spirituelle de l'enfant intérieur apporte rapidement aux clients l'opportunité de jouir d'une perspective nouvelle et plus élevée sur les évènements de leur vie. Pendant une séance sur l'enfant intérieur, tandis que le client est en hypnose profonde, il est possible de le guider dans la dimension spirituelle jusqu'aux expériences de vie entre les vies. Il peut retourner au moment où les contrats d'âmes furent passés. Il peut comprendre d'où sont venus ces contrats, qui en a eu l'idée et ce que chaque participant voulait apprendre de la situation.

Brian était un homme d'environ quarante ans qui avait récemment commencé à exercer en tant que thérapeute et était également un talentueux voyant. Il avait souvent vu des esprits quand il était enfant, ne comprenant pas qu'il était différent des autres enfants et de ses parents. Cependant, son père s'en était pris à lui et s'en était éloigné dans une enfance qui ressemblait aux premières scènes du livre Harry Potter. On disait souvent à Brian de se taire et on l'envoyait au loin, car ses parents ne le comprenaient pas, avaient peur de ce qu'il disait et craignaient d'avoir mauvaise réputation. Un prêtre fut même envoyé pour l'exorciser et il fut terrifié par la violence verbale de son père. Il était également confus et souvent effrayé par ce dont il était témoin autour de lui, avec des esprits et des fantômes qui lui rendaient visite et communiquaient avec lui. Il savait intuitivement que tout cela était vrai, mais il n'était ni cru, ni accepté et était même tourné en ridicule lorsqu'il parlait de ses amis invisibles.

Sa relation avec son père fut très diffile durant toute sa vie et peu d'amour paternel ou d'affection lui furent donnés. Dans le but d'apparaître plus normal, Brian choisit un travail traditionnel à la ville quand il quitta l'école et occulta la part de lui qui voyait et communiquait avec les esprits. En fait, il fut très motivé pour se déconnecter de cette partie de lui et la cacher par peur de plus de ridicule et de souffrance. Mais son père était mort au moment où je le rencontrai et il ne supportait plus de se cacher.

Pendant notre première séance d'enfant intérieur, il fut

guidé au travers de différents évènements pénibles jusqu'au premier qui était un "choc" pour lui. Il fut enfermé dans sa chambre à l'âge de six ans pour avoir parlé à voix haute avec les esprits qui étaient devenus ses amis. Je lui donnai l'instruction d'aller à l'endroit de la dimension spirituelle où avait été passé le contrat pour sa vie avec son futur père. Brian se trouva dans un endroit très beau, comme un temple, avec l'âme de son père et son guide spirituel qu'il avait rencontré plusieurs fois auparavant.

Je demandai ce qui se passait et il dit qu'il se préparait pour sa vie courante, dans laquelle il allait avoir une conscience spirituelle profonde mais aussi désirait être contrôlé, limité et écrasé jusqu'à ce qu'il trouve en lui-même la force et le courage de dire sa vérité. Quand il le ferait, sa vérité aurait un impact significatif et positif sur de nombreuses personnes. Il allait préparer de nombreux autres aspects de sa vie pour l'aider à réussir son objectif, mais il avait besoin que l'âme choisie soit celle de son père pour jouer son rôle sans faiblir.

Dans l'une des trois des vies précédant sa vie courante, il avait été tué pour avoir dit sa vérité ; c'était donc un immense défi pour son âme. Les idées qui lui viendraient dans le processus de son développement personnel, ainsi que sa voix et sa force intérieures allaient aider son âme à faire l'expérience d'une évolution importante. Je demandai ce qui se passait et il dit qu'il était en discussion profonde avec son père, qui disait qu'il allait être dur de jouer ce rôle cruel du fait qu'il l'aimait tellement et qu'ils avaient eu tant de vies aimantes ensemble. Cependant, ce rôle en tant que père permettrait à son âme d'acquérir l'expérience de l'agresseur cruel et dominateur et lui-même et ses guides pensaient qu'il était prêt pour ce rôle - il était même impatient de le jouer, comme un acteur qui choisit son prochain rôle difficile et courageux pour le grand écran.

Je demandai à Brian de me dire ce qu'il ressentait à ce sujet et il répondit qu'il ressentait amour inconditionnel et gratitude à l'égard de son père – un homme qui l'avait terrifié dans sa vie courante. Puis ils s'embrassèrent en utilisant un coussin qui servait d'accessoire pour approfondir l'expérience et le ressenti. Un sentiment de pardon le submergea alors qu'il tenait son père dans ses bras et il pleura et dit que maintenant il comprenait la vérité de la relation qu'ils avaient eue. Pendant qu'ils se tenaient dans les bras l'un de l'autre, son père lui dit qu'il était désolé pour tous les actes de cruauté et de violence, et que c'était la vie la plus difficile qu'il avait eue à expérimenter.

Le dialogue qui se déroula entre eux fut très beau, tant d'amour et de compréhension furent partagés. Brian réalisa dans ce moment particulier qu'il était entièrement responsable de sa vie et des leçons qu'il avait choisies et pour leur raison d'être d'un niveau plus élevé. Il réalisa également que son père l'aimait de manière inconditionnelle et pour l'éternité. Son père était vraiment désolé, mais il jouait un rôle crucial et important dans l'histoire de sa vie courante.

Je demandai alors à Brian de revoir les évènements pénibles de son enfance avec la nouvelle compréhension et le nouveau point de vue basés sur la connaissance qu'il venait d'acquérir. Nous revîmes cinq des évènements qui à l'origine lui avaient causé une douleur profonde et cependant, cette fois-ci il fut capable d'en rire et observa affectueusement que son père jouait en effet son rôle avec talent. Alors qu'il assista à ces évènements d'une perpective plus élevée, il se sentit plus fort, plus sage et plus conscient d'un tableau plus large, passant d'un évènement à l'autre calmement, avisé. Lorsqu'il arriva à son âge actuel, il se décrivit comme plus libre, plus léger, plus heureux et plus calme, comme s'il était finalement capable de pousuivre son propos de vie d'être au service des autres tout en exprimant sa vérité avec confiance.

A la suite de cette séance, Brian commença à se produire en public pour parler de son chemin de vie et canaliser les guides spirituels sages et aimants avec lesquels il travaille, pour aider les gens à comprendre qui ils sont en tant qu'âmes. Il a co-signé un livre dans lequel il a joué un rôle fondamental et pour la première fois dans sa vie s'accepte comme un être spirituel ayant une mission, pas seulement de comprendre sa vraie nature, mais également d'aider les autres à comprendre qui ils sont vraiment. Les remarques de Brian furent :

La séance de l'enfant intérieur m'a transformé à un point que je n'avais pas pensé être possible. La perspective de l'âme et la compréhension des difficultés que j'ai vécues durant mon enfance ont eu un effet profond et immédiat sur moi. J'ai réalisé que le courage que j'ai eu de prendre ce rôle en tant qu'âme et encore plus en tant qu'enfant, était bien plus important que le courage qu'il m'a fallu pour réintégrer cette part cachée de moi dans ma vie présente. J'ai également réalisé que je ne faisais pas cela juste pour moi, mais aussi pour de nombreux autres. Je ne ferais que me faire du mal si je m'accrochais au besoin d'être anonyme, ce qui de toutes façons semble ridicule à présent.

Depuis la séance, ma vie a évolué d'une manière merveilleuse que j'aurais à peine pu imaginer auparavant. Il n'y a plus de limites ou de frontières et je me sens béni pour la vie entière que j'ai choisie – quelque chose que je n'aurais jamais imaginé pouvoir dire un jour !

La transformation de Brian fut rapide et ce qu'il avait compris en une séance changea toute sa vie. Cependant, comme cela a été déjà dit, certains clients pourraient avoir besoin de plusieurs séances suivant leur situation personnelle unique. Lynne, la cliente mentionnée plus tôt, qui avait été abusée sexuellement en est un bon exemple :

Lynne avait reçu beaucoup de séances, car la douleur d'une vie entière d'abus l'avait profondément taxée. Elle avait adopté le rôle de la victime à tel point qu'elle ne savait pas se comporter autrement.

Quand je parlai pour la première fois à sa Petite Linda figée, je trouvai une petite fille très désireuse de plaire, amicale et bavarde qui était désespérée de recevoir de l'amour et de l'affection, qui avait été abandonnée, abusée et négligée et qui pourtant faisait tout ce qu'elle pouvait pour plaire ceux qui l'entouraient, y compris laisser ceux qu'elle aimait l'abuser sexuellement – pour obtenir l'amour qu'elle recherchait. La douleur que Petite Linda endurait était énorme et pourtant son esprit était vivant et adorable.

Lorsque je demandai initialement à Grande Linda – Lynne – si elle voulait prendre Petite Linda dans ses bras en lui tendant un petit coussin, elle jeta le coussin au loin et hurla. Elle était furieuse après Petite Linda d'avoir permis les abus. Cela lui prit plusieurs séances pour découvrir la réelle beauté et l'innocence de Petite Linda et de comprendre pleinement la situation impossible où elle s'était trouvée. Il était vital pour elle de pardonner l'enfant en elle, et d'utiliser les techniques de renforcement dont j'ai parlé plus tôt, comme les ballons assortis de qualités et finalement de réintégrer complètement cette enfant.

Mais ce qui l'a aidée de la manière la plus significative fut de découvrir qu'elle avait choisi sa famille biologique, sa famille adoptive et sa famille d'accueil, les personnes qui l'avaient abusée et son mari, ses leçons de vie et son plan de vie, pour permettre à son âme de faire l'expérience de la vie humaine de cette manière.

Voici ce que dit Lynne après sa thérapie : "Avant de vous consulter, j'étais morte et maintenant je suis vivante. J'ai finalement lâché prise du passé ; j'ai l'espoir et je suis confiante que dans le futur je pourrai aider de nombreuses autres personnes ayant vécu des situations abusives, en racontant mon histoire, comment je suis revenue à la vie grâce à l'hypnothérapie et à vous."

Techniques pour guérir l'Enfant intérieur spirituel

Guérir l'enfant intérieur spirituel demande une approche en trois étapes. Cependant, il est important de se rappeler que chaque personne est unique, donc l'ordre des actions dans chaque étape peut être modifié.

Etape 1 — Régresser à la source

La première clé pour transformer totalement le problème ou la difficulté est de trouver la racine ou source du problème – souvent appelé l'évènement déclencheur. Lorsque nous parvenons à la racine du problème et la transformons, cela évite qu'elle se représente, alors que si nous allons seulement au tronc ou aux branches, quelques racines resteront.

- Régressez le client jusqu'à l'évènement significatif de son enfance ou dans la matrice et explorez la situation dans laquelle il est. J'utilise d'habitude un pont émotionnel, ce qui veut dire amplifier les sentiments difficiles ou les peurs ressentis. Demandez lui d'amplifier ces sentiments tandis que vous comptez jusqu'à dix et que les sentiments deviennent aussi forts qu'il puisse les supporter, puis dirigez le vers la source de ces sentiments avec la commande **1... 2... 3... maintenant !**

- Où que le client aille, déterminez quel âge il a et parlez lui de manière correspondante. S'il a cinq ans, parlez lui comme vous le feriez avec un enfant de cinq ans.

- Il se peut que vous ayez à explorer quelques évènements significatifs tandis que vous retournez vers la source réelle de son problème.

- Demandez au client d'**aller à la première fois où vous avez ressenti cela.** Cependant, vous aurez besoin de savoir s'il est ou non à la vraie source du problème. Après avoir collecté de l'information sur la scène et les émotions ressenties, demandez **Ceci est-il familier ou est-ce un choc ?** Si c'est familier, vous devez explorer plus loin pour retourner à la source. Mais prenez des notes à chaque évènement rencontré car cela sera utile au moment de la transformation.

- Si l'émotion est un choc pour le client, vous êtes probablement à la source. Une fois que cela est établi, vous pouvez confirmer avec le signal idéomoteur (cela implique d'établir une réponse par les doigts "oui" et "non" avec sa conscience supérieure). Alors, rassemblez toute les informations sur la situation dans laquelle il se trouve, y compris s'ils y a d'autres personnages, ce qu'il peut entendre, ce qu'il ressent etc. Permettez au client de prendre conscience de sa compréhension de la situation en tant qu'enfant ainsi que les sentiments et les croyances qui ont été générés en lui à ce moment-là. Ceci pourrait inclure "Je ne suis pas aimé" ou "Personne ne me veut" ou "Je ne serai jamais à la hauteur".

Etape 2 — Transformation

L'étape de transformation a pour but d'acquérir une nouvelle compréhension. Cela doit être fait de façon intuitive, car chaque client et chaque problème est unique, donc quelques techniques qui vont suivre seront utiles et d'autres non. Il n'y a pas d'ordre spécifique, connectez-vous au client et travaillez avec ce qui semble juste. Familiarisez vous avec tous les outils de cette étape de façon à les avoir à votre disposition lorsque c'est approprié.

Rencontrer l'enfant intérieur

- Demandez au client de laisser la situation pendant quelques minutes et de revenir au moment présent. Expliquez que lorsque vous taperez légèrement sur son front vous parlerez alternativement à leur "petit soi" et leur "soi adulte".

- Informez le client adulte que vous allez maintenant retourner à l'évènement que vous venez d'explorer, et qu'il va se retrouver avec son petit soi au moment où l'évènement se déroule. Comptez **1... 2 ... 3 ... maintenant** !

- Demandez au soi adulte de se connecter au petit soi. Par exemple dites **Regardez dans ses yeux** ou **Prenez le dans vos bras** ou **Prenez le sur vos genoux**. Utilisez un petit coussin comme accessoire pour lui permettre de prendre l'enfant dans ses bras.

- Demandez au soi adulte de regarder dans les yeux du petit soi et de leur permettre de voir comme il est innocent, merveilleux, unique et digne d'amour. Ceci peut être très émouvant, donc permettez aux larmes de couler. Avec certains clients il faudra être créatif pour parvenir à ce point – par exemple, demandez leur d'échanger de l'amour avec leur petit soi et de ressentir l'amour inconditionnel qui leur est retourné. Mais il ne faut jamais les forcer à le faire – cela peut prendre quelques séances pour parvenir à ce point.

- Ensuite, dites au soi adulte qu'il a un énorme bouquet de

ballons et que chaque ballon représente une qualité qu'il voudrait que son petit soi aie – d'habitude ce sont des qualités qu'il aurait désiré avoir quand il était plus jeune. Il est important que le client choisisse lui-même les qualités pour l'enfant intérieur, donc ne le devancez pas, au moins au début. Vous pouvez en suggérer quelques unes plus tard, si nécessaire.

- Commencez par lui demander d'identifier la première qualité et la couleur du ballon, par exemple, un ballon rouge plein de courage. Suggérez qu'il donne ce ballon à son petit soi. Tapez légèrement sur son front pour parler au petit soi et demandez lui d'inspirer l'énergie rouge du ballon et de ressentir la nouvelle énergie de force et de courage entrer dans son corps. Faites lui ressentir vraiment ce que c'est qu'être plein de courage.

- Répétez l'opération avec d'autres ballons. Les qualités communes sont la force, l'amour de soi/estime de soi/valeur personnelle, la capacité de dire non et la capacité de comprendre et pardonner. Quand il n'a plus rien à dire vérifiez que toutes les qualités essentielles ont été données.

- Une option finale est de suggérer un ballon arc en ciel, ou le cadeau d'une cape de toutes les couleurs de l'arc en ciel, qui contient toutes les qualités dont il aura jamais besoin. Lorsque le petit soi a absorbé cette énergie, rappelez-lui que maintenant, il a tout ce dont il a besoin en lui. Rappelez-lui toutes les qualités qui lui ont été données et demandez-lui de sentir la différence, maintenant que ces qualités font partie intégrante de lui. Expliquez-lui que ces qualités seront toujours avec lui.

Rencontre avec l'agresseur (les agresseurs)

- Demandez au client d'emmener son soi adulte et son petit soi dans un endroit sûr, par exemple un parc, ou assis autour d'un feu de camp ou sur une belle plage. L'adulte peut tenir la main du petit soi ou de la force supplémentaire peut être amenée sous la forme d'énergie animale ou de guides de façon à ce que le petit soi aie tout le soutien dont il a besoin pour s'exprimer vis-à-vis de l'agresseur. Celui-ci sera souvent son père ou sa mère.

- Demandez au petit soi de dire ce qu'il n'a jamais eu l'occasion de dire à ce moment-là. Il vaut mieux que le petit soi utilise le temps présent pour être dans l'expérience. Demandez également à l'agresseur de répondre. Peut-être encouragez le petit soi à reprendre son pouvoir personnel en projetant tous ses sentiments douloureux sur l'agresseur de façon à ce que celui-ci fasse l'expérience de ce qu'il a ressenti. Ceci est très puissant et les agresseurs tombent souvent à genoux honteux de ce qu'ils ont fait et s'excusant longuement.

- Le petit soi peut être encouragé à visualiser qu'il envoie une étincelle de guérison, de lumière ou d'amour vers l'agresseur. Je suggère qu'ils placent cette étincelle directement dans le coeur de l'agresseur. Ceci symbolie aussi leur propre pardon et leur capacité à lâcher prise des croyances et des sentiments anciens, tandis que le fait de recevoir de l'amour aide l'âme et l'énergie de l'agresseur.

- Demandez au soi adulte de parler au petit soi et de lui dire la vérité à propos de la situation. Cela peut tellement varier, mais généralement essayez de le guider pour qu'il voie la vérité objective à propos de l'évènement. Par exemple, si les parents ont hurlé, le soi adulte peut rassurer l'enfant en lui disant que ça n'est pas de sa faute, et, que c'est normal pour les adultes d'avoir leurs propres problèmes et de crier les uns sur les autres.

- Encouragez l'adulte à réconforter le petit soi avec beaucoup d'embrassades et d'amour quand cela est approprié. Il se pourrait que vous ayiez à être créatif et persuasif à ce moment-là. A nouveau, il va sûrement y avoir des émotions. Laissez du temps pour que toutes les émotions se dissipent.

- Assurez-vous que pardon et amour soient donnés et acceptés avant de continuer. Faites en sorte que le client soit prêt à laisser l'agresseur aller.

Rencontre avec l'agresseur (les agresseurs) Quand il(s) étai(en)t jeune(s)

- Quelquefois il y a besoin d'une variation pour démarrer une sorte de dialogue avec l'agresseur. Dans ce cas, on peut demander au petit soi de visualiser l'agresseur au même âge que lui.

- Souvent, il peut voir que le père ou la mère était aussi malheureux quand il était jeune, peut-être lui aussi victime d'abus ou effrayé par ses propres parents. Il se pourrait qu'il souffre, ressentant la même douleur. Ceci peut s'avérer très thérapeutique, tandis que le petit soi ressent un nouveau niveau de connection.

Qu'a-t-il appris ?

- Une fois que le client a compris la situation dans son aspect le plus large et les raisons pour lesquelles cela est arrivé, demandez lui ce qu'il a appris de la situation. Quel bénéfice accompagnent l'expérience qu'il a vécue ? Souvent il va dire :

"Je suis un meilleur parent à cause de ce que j'ai vécu."

Couper les liens

- Couper les liens énergétiques est utile pour arriver à une finalisation. Ceci renforce le client et permet de retrouver des fragments d'énergie.

- Demandez au petit soi de visualiser la corde d'argent entre lui et l'agresseur. Donnez-lui l'instruction de renvoyer à l'autre l'énergie à laquelle il s'accroche. Demandez lui de regarder l'énergie qui repart vers son endroit d'origine. Puis demandez au petit soi de réclamer toute l'énergie qui lui appartient et que l'agresseur a gardé. Il devrait à nouveau regarder l'énergie qui refait le trajet vers lui-même, jusque dans son champ énergétique. Demandez ce qu'il ressent une fois que tout est rentré dans l'ordre.

- Demandez lui de couper la corde. Je leur suggère d'utiliser des ciseaux de cristal et de sceller chaque bout de la corde avec une couleur de son choix. Les couleurs choisies ont une résonnance énergétique et seront thérapeutiques d'une façon unique.

Les contrats d'âmes

- Demandez au client d'aller à l'endroit dans la dimension spirituelle où il a conclu un contrat avec l'âme de l'agresseur avant de naître. Leur guide spirituel peut les accompagner.

- Demandez lui d'étudier le contrat qu'ils ont formé ensemble et encouragez un dialogue de la perspective la plus élevée. Demandez quelles leçons l'agresseur a accepté de l'aider à comprendre. Ceci peut être édifiant et une nouvelle compréhension de leur relation peut être acquise en un instant.

- Demandez également, **Avez-vous vécu d'autres vies ensemble ? Dans ce cas, Quels rôles ont-ils joué ?**
- Permettez-lui de réaliser l'état d'amour inconditionnel avec l'agresseur dans la dimension spirituelle.
- Demandez lui ce que tous les deux ressentent sur cette vie et les défis sur lesquels ils se sont mis d'accord.

Explorer une autre vie passée

- Vous pouvez conduire le client dans une autre vie passée pour créer une ressource positive. Souvent, d'avoir juste un coup d'oeil sur quelques scènes positives d'une vie passée est très thérapeutique et modifie une fois de plus la perspective du client.

- D'habitude, il est très bénéfique de l'emmener dans une vie passée où il est né dans un environnement plein d'amour. Permettez lui de se sentir aimé, voulu et accepté ou quoi que ce soit qu'il ait besoin de ressentir.

- Ancrez le à ce ressenti et demandez lui de rapporter les sentiments positifs et aidants de cette autre vie, de façon à ce qu'il les intègre dans sa vie courante.

Etape 3 — Intégration

Une fois que la transformation de perspective du client a eu lieu à propos de l'évènement d'origine, les nouvelles informations et expériences doivent être réintégrées de façon à ce que la guérison soit entière et permanente.

Faire grandir l'enfant intérieur

- Demandez au soi adulte d'imaginer que son petit soi a réduit en taille au point qu'il tient dans la paume de sa main. Puis demandez lui d'amener le petit soi près du coeur et de le pousser l'enfant intérieur à l'intérieur du coeur en l'entourant d'amour et d'acceptation. Il peut y avoir plus d'émotions à ce moment et à nouveau permettez qu'elles soient libérées.

- Demandez lui de sentir, voir ou imaginer l'enfant qui grandit maintenant en lui jusqu'à ce qu'il atteigne son âge actuel. Arrêtez-vous à chacun des moments traumatiques de l'enfance ou de l'adolescence qui ont été révélés durant l'entretien ou la séance d'hypnose. Permettez au client de recadrer ces épisodes en utilisant les nouvelles qualités et perspectives qu'il a acquises. Observez comment l'enfant intérieur se comporte différemment et, est libre de vivre les scènes de manière positive.

- Allez de l'âge de l'enfant ou du bébé jusqu'à son âge actuel. Si vous n'avez pas cette information, arrêtez-vous à un âge légèrement plus jeune que ce que vous imaginez être son âge et dites : **Maintenant grandissez jusqu'à votre âge actuel... c'est cela, totalement grandi jusqu'à votre âge maintenant... totalement intégré, amenant toutes ces qualités positives à l'adulte que vous êtes maintenant !**

Futurisation

- Guidez le client vers le futur avec toutes les qualités qu'il a intériorisées. Ajoutez quelques suggestions hypnotiques positives basées sur les nouvelles qualités provenant des ballons, sa nouvelle compréhension etc. Emmenez-le vers le futur de façon à ce qu'il visualise comment il se comporte et son expérience nouvelle et plus forte.

- Avancez jusqu'à dans six mois, un an et trois ans, ou vers un temps futur que vous pensez juste. Permettez au client de se voir avec un comportement plus positif, totalement libre du problème ou des émotions qu'il avait l'habitude d'avoir.

- Peut-être terminez en lui demandant d'aller dans un endroit spécial et en l'encourageant à ressentir à l'intérieur de lui-même les sentiments positifs d'amour total et d'acceptation.

Guérison du Bébé intérieur

- Si l'évènement d'origine a eu lieu dans la matrice, le processus est très légèrement différent. Le temps passé dans la matrice est une source commune de problèmes car les bébés perçoivent les émotions de leurs mère et père et peuvent être parfaitement conscients de ne pas être désirés. Ils entendent également toutes les conversations et disputes avec la conscience de leur âme. Ceci peut être une source de détresse car l'âme se connecte totalement à la réalité des leçons qu'elle a choisies et les difficultés de la vie à venir.

- Faites vivre la naissance à votre client et rassemblez de l'information. La première rencontre avec la mère et le père peuvent souvent être angoissante et émotionnelle pour le bébé.

- Faites le regarder dans les yeux de chacun des parents et notez les émotions à l'oeuvre – souvent de la peur, de l'anxiété ou une autre émotion négative. Puis demandez lui de rechercher à quel moment cette émotion est apparue pour chacun des parents.

- Comme décrit ci-dessus, demandez lui de visualiser le parent lorsqu'il était enfant et demandez lui de reconnaître la souffrance que lui aussi a connue. Ceci crée un changement et un nouveau degré de compréhension. Retournez dans les générations passées si nécessaire. Faites le se visualiser donnant des étincelles de lumière ou d'amour pour procéder à une guérison.

- Maintenant retournez dans la matrice et demandez au soi adulte de parler au soi bébé ; et rappelez lui qu'il est parfait et aimé et qu'il sera toujours là pour l'accueillir lorsqu'il sera né.

- Guidez le bébé dans le processus de la naissance. Simulez ceci à l'aide d'un jeu de rôles en demandant au bébé de se mettre en posture de naissance et en utilisant une couverture pour simuler la poussée dans le canal de naissance. Cette fois-ci son soi adulte est là pour l'accueillir lorsqu'il émerge, prend le bébé dans ses bras en utilisant un coussin. Encouragez le soi adulte à parler au bébé affectueusement et de lui dire exactement ce qu'il a envie d'entendre. Ceci va venir de l'intérieur du client — il sait instinctivement ce dont il a exactement besoin.

- Encouragez le à donnez des signes d'amour et à regarder profondément dans les yeux du bébé pour voir sa véritable nature, son âme authentique, l'amour inconditionnel, la perfection et la pureté.

- Les autres techniques exposées auparavant peuvent être aussi utilisées ici, y compris le dialogue avec la mère et le père adultes, les ballons, les contrats d'âmes et ainsi de suite.

Résumé

Les causes à l'origine de pensées dérangeantes, d'émotions négatives, de maladie et de discordance peuvent souvent remonter à un moment dans l'enfance et, par une investigation plus profonde, au plan d'incarnation complexe et délibéré de l'âme. Les techniques de guérison de l'enfant intérieur décrites ici ont été élaborées à partir du travail de pionniers éminents, y compris John Bradshaw et Brandon Bays. Cependant, la conscience supplémentaire d'un contrat d'âme éclaire le client d'un point de vue plus élevé en ce qui concerne son histoire de vie et les rôles que chacun des personnages y a joué. De nombreux sujets ont dit que cela était comme être un acteur dans une pièce ou un film, faisant passer des auditions à d'autres âmes pour différents rôles et créant un scénario pour faire avancer la carrière de leur âme. Des scénarios similaires sont arrivés à nombreux de mes clients qui ont réalisé soudain que leur histoire de vie dramatique et souvent douloureuse était en fait leur propre création – et que leur père, mère, frère ou soeur étaient engagés dans un contrat où ils étaient totalement responsables de part et d'autre.

Cette compréhension plus profonde du sens spirituel des relations dans nos vies peut nous libérer d'une manière qui nous rend capable de comprendre et pardonner tous ceux qui nous ont causé problème dans notre vie, ce qui ouvre la voie à l'état d'amour inconditionnel pour tous ceux qui se trouvent dans notre vie. Cette nouvelle perspective du propos de vie et du chemin de l'âme peut aussi être appliquée à toutes les situations et relations en cours. En prenant la responsabilité des choix que nous avons faits au niveau de l'âme nous pouvons lâcher prise des sentiments de victimisation et entrer dans la vérité de notre propre pouvoir. Pendant ce temps, le sentiment intérieur d'amour inconditionnel crée un état d'harmonie, de paix intérieure et de santé optimale dans notre corps. Notre système immunitaire est plus fort, nos relations plus heureuses et nous pouvons appliquer cette sagesse spirituelle à toutes nos rencontres ultérieures.

J'ai travaillé avec Rosie avant d'avoir développé l'aspect spirituel de la guérison de l'enfant intérieur, mais si je l'avais conduite à l'endroit où elle avait créé ses contrats d'âme, que pensez-vous qu'elle aurait trouvé ? Qu'était-elle ici pour expérimenter et surmonter ? Et qui étaient les âmes qui allaient l'aider à apprendre les leçons qu'elle avait choisies pour sa vie courante ? Avions-nous même besoin d'utiliser cette nouvelle technique avec elle ? Pas nécessairement, car en fait elle a fait l'expérience d'une guérison profonde et d'une transformation, juste en utilisant les techniques traditionnelles d'enfant intérieur. Cependant, avec certains clients cela peut constituer un outil complémentaire très valable.

Un client peut apprendre qu'une vie qui à un moment semblait celle d'une victime est en réalité celle d'une âme courageuse et déterminée qui a pris en charge d'immenses défis. Savoir cela renforce incroyablement et les effets bénéfiques se propagent à tous les aspects de la vie du client qui s'en trouve transformée pour toujours.

A PROPOS DE L'AUTEUR

Hazel Newton Dip HYP, Dip RT, Ct LBL, RGN

Hazel est initialement une infirmière certifiée et une spécialiste clinique dans l'industrie pharmaceutique. Elle est actuellement basée à Bristol et travaille en tant qu'hypnothérapeute clinique, thérapeute de régression, thérapeute de vie entre les vies. Son but de vie et sa passion est d'aider les autres sur leur chemin d'âme, pour connaître la vérité à propos de qui ils sont et pourquoi ils ont choisi de s'incarner, particulièrement à ce moment de notre histoire. Pour plus d'information, aller sur son site internet : *www.radiantsouls.co.uk* ou prendre contact avec elle à l'adresse mail suivante : *hypnoticchanges@yahoo.co.uk*.

Références

1. Bradshaw, J., *Retrouver l'enfant en soi*, Les Editions de l'Homme, 2013.
2. Bays, B., *Le voyage de guérison*, Guy Trédaniel Editions, 2007.
3. Ford, D., *La part d'ombre du chercheur de lumière*, J'ai Lu - Aventure secrète, 2010.
4. Ford, D., *Pourquoi j'ai fait ça : Même les gens bien peuvent faire des choses moches*, Guy Trédaniel Editions, 2011.
5. Myss, C., *Contrats sacrés*, A+A, 2010.
6. Newton, M., *Souvenirs de l'Au-Delà*, Le Jardin des Livres, Intemporel, 2007.
7. Newton, M., *Journées dans l'Au-Delà*, Le Jardin des Livres, Intemporel, 2009.

4

THÉRAPIE DE RÉGRESSION DANS LA PRATIQUE MÉDICALE

Peter Mack

Vous êtes vous-même le temps ;
vos sens sont les horloges.

Angelus Silesius, Mystique allemand, 17ème siècle

INTRODUCTION

J'aime l'étude de la science médicale et apprécie tous les aspects du travail de chirurgien pour lequel j'ai été formé. Ma passion dans les domaines de l'investigation et la recherche m'a conduit à acquérir un doctorat en science médicale en 1988 et, ensuite, j'ai continué avec des activités de recherche pendant plusieurs années. Cependant, profondément en moi, je ressentais un désir de connaissance par d'autres moyens, y compris l'empirisme et l'observation.

Guérir est une pratique très ancienne que l'on trouve dans toutes les cultures humaines et toutes les cultures ont des méthodes évoluées destinées à restaurer la santé physique, sécuriser l'intégrité émotionnelle et parvenir à la sérénité spirituelle. Traditionnellement, le concept de guérison impliquait un ensemble de techniques destinées à ce que les individus soient sains en empêchant les désordres dans leur corps, leur mental et leur esprit. Sur la durée, les techniques de la médecine moderne ont intensifié leur focus sur la science du corps humain en rectifiant les désordres physiques et en restaurant l'équilibre, mais en oubliant peut-être le bien-être mental et spirituel dans le processus. Cependant, à mon avis, la thérapie de régression, du fait de sa nature holistique, a sa place et son potentiel pour remplir ce vide.

La capacité de conduire la conscience de patients adultes en arrière dans le temps, jusque dans leur enfance pour accéder à leurs premiers souvenirs était connue dans la communauté médicale depuis mes études de médecine. Je me souviens précisément d'avoir observé le processus hypnotique de régression en âge pour la première fois lorsque j'étais en licence en 1972. A cette époque, la profession dentaire montrait un intérêt plus actif envers l'hypnose à cause de son potentiel dans le domaine de la gestion de la douleur. Ce fut à un séminaire du soir animé par un hypnothérapeute dentaire du Royaume-Uni. Il avait amené avec lui une patiente, une adolescente qui était volontaire pour la démonstration. Je fus impressionné par la rapidité avec laquelle elle entra dans un état d'hypnose en quelques minutes après le début de l'induction. Sous la direction de l'hypnothérapeute, elle retourna à ses débuts à l'école. Emerveillé, je vis son ton de voix changer et devenir de plus en plus enfantin tandis que sa mémoire dérivait dans le passé au fur et à mesure des suggestions du thérapeute.

Le mécanisme de la connection du corps et de l'esprit est mystérieux et apparaît probablement comme surnaturel à la plupart des gens. Pendant longtemps des domaines séparés étaient alloués au corps et au mental. Tandis que les médecins étaient à l'aise dans le traitement de la physiologie du corps, les problèmes relatifs au mental étaient dévolus aux psychologues ou aux psychiatres. L'application de la thérapie de régression à la guérison médicale a été lente et considérée plutôt comme hérétique jusqu'à récemment.

Le concept de "guérison" dans la médecine moderne est lourdement ancré dans la science et son orientation est majoritairement physique. L'intérêt a été largement mis sur les aspects de la biologie des tissus blessés, de leur réparation et de leur régénération. Les dérangements émotionnels associés à une santé défaillante ont été relégués par défaut au domaine de la psychiatrie. Cheminer dans l'inconscient était généralement découragé et considéré avec effroi car cela pouvait potentiellement ouvrir un monde ésotérique au delà de ce que l'enseignement scientifique traditionnel pouvait expliquer. Cependant, la médecine n'était pas fermée au paradigme holistique de guérison. Surmonter la maladie en englobant toutes les techniques pour empêcher la détresse dans le corps, le mental et l'esprit avait l'air attirant, bien qu'éloigné des attentes de la science médicale. La réticence de fond pour adopter les techniques holistiques venait de la manière avec laquelle les professionnels de la médecine exigeaient des preuves de leur efficacité – preuves qui auraient à être proportionnelles à la robustesse requise par l'approche scientifique.

Mon chemin

Ce fut exactement trois décennies après ma première rencontre avec le processus de régression hypnotique que je commençai à prendre une pause et à regarder dans le "rétroviseur" pour avoir une vue plus large des progrès médicaux des décennies précédentes. Dans ce miroir du temps, je vis de nombreux évènements. Ceci inclut le séquençage du génome humain, l'avancée impétueuse des technologies d'imagerie médicale, le développement de la transplantation du foie et la terrifiante épidémie de SRAS qui prit la communauté scientifique mondiale par surprise. Je me souvins comment, en tant que soignant, je dus subir une quarantaine, par deux fois durant l'épidémie, tandis que le virus mortel du SRAS prenait la vie d'un collègue médecin, alors qu'il faisait son devoir professionnel. Je me mis alors à regarder la vie, la maladie et la guérison autrement. C'était comme si j'avais atteint un tournant dans ma vie et voulais faire quelque chose différemment. Je ressentis une forte envie et me mis au Reiki. Ceci malgré le fait que j'étais parfaitement conscient que la "médecine énergétique" était peu acceptée par la médecine conventionnelle. Au plus profond, mon chemin avait commencé.

Un jour, un patient d'environ 70 ans avec une attitude morne, arriva à ma consultation dans une chaise roulante. J'avais retiré une tumeur du muscle lisse de son estomac l'année précédente et il était de retour pour un contrôle de routine. C'était un médecin à la retraite au moment où je l'avais opéré. Durant son rétablissement de la chirurgie, il eut la malchance d'être atteint de la maladie de Parkinson, une maladie dégénérative du système nerveux qui détériorait ses mouvements et sa parole. En dépit des médicaments, sa condition se dégrada et finalement il devint dépendant de la chaise roulante. La vue de son état amoindri me toucha. Je me levai instinctivement de ma chaise, me plaçai derrière lui et posais mes mains sur ses épaules. Ce fut un moment inoubliable. En une minute, il fit l'expérience d'un flux d'énergie revitalisante et s'exclama émerveillé. L'énergie circula vers sa poitrine, son tronc et il se sentit instantanément rechargé.

Lors d'une seconde occasion, une jeune femme attirante proche de la trentaine arriva en boitant à ma consultation, avec une démarche douloureuse. Mon collègue orthopédiste, qui s'était occupé de ses problèmes de vertèbres lombaires dégénératives lui avait recommandé de me consulter. Elle travaillait pour une compagnie aérienne en tant qu'hôtesse de l'air. Durant un vol, alors qu'elle se penchait pour ramasser un objet tombé, un collègue l'avait accidentellement heurtée dans le dos avec son chariot. L'IRM montra des disques intervertébraux saillants, mais on lui déconseilla une chirurgie du fait qu'elle était relativement jeune. Le temps passant, la douleur de la région lombaire se mit à irradier jusque dans le bas de son abdomen à droite et l'on me demanda mon opinion. Tandis que je l'allongeai sur la table d'examen et que je palpai son abdomen, son visage s'illumina soudainement :

> Ah, Docteur, je crois que je reconnais cela. C'est une sorte d'énergie de guérison que vous me transférez. Je la sens circuler dans ma jambe droite et battre contre mon pied.

Elle admit avoir déjà reçu des séances de Reiki d'un autre praticien et en reconnut l'énergie immédiatement. L'expérience précédente lui avait imprimé un référentiel mental du ressenti de cette énergie, ce qui lui permit de connecter immédiatement les deux expériences de manière positive. Elle demanda ensuite si elle pouvait revenir pour des séances de Reiki. A partir de ce moment-là, mon idée de la guérison changea pour toujours.

Guérison holistique

Les années passèrent. Je sentis un changement graduel des causes de la maladie et de la guérison dans mes conceptions intellectuelles. La connexion corps-esprit semblait recevoir une reconnaissance grandissante alors que les praticiens médicaux étaient plus conscients et plus attentifs aux problèmes humains qui ne pouvaient qu'être décrits qu'au travers d'un mélange du langage psychologique des sentiments et intentions avec le langage physiologique des organes et des cellules. Ceci s'accompagna d'une plus grande prise en compte des symptômes associés aux problèmes psychologiques et sociaux qui se trouvaient logés sous les maladies physiques. Malheureusement, le concept de médecine psychosomatique continua à se heurter au courant dominant des avances médicales dans lesquelles la pharmacothérapie de plus en plus raffinée et les traitements chirurgicaux étaient préférés. Le rôle de l'inconscient dans les problèmes physiques restait mystérieux. Jusque-là aucune théorie médicale adéquate n'existait pour guider l'activité des cliniciens qui travaillaient à soigner des problèmes corps-esprit. Cependant, un consensus général émergeait sur le fait que le stress pouvait être un contributeur majeur dans certaines maladies.

Le stress avait toujours été un concept très difficile à définir. Nous savions qu'il se produisait comme conséquence d'un changement rapide ou soudain dans les éléments essentiels de la vie des gens, particulièrement si les changements avaient des implications importantes sur leur conception d'eux-mêmes. Cependant, définir correctement l'idée de stress dans le contexte de la thérapie était difficile parce que son impact sur la santé individuelle était basée sur une réponse personnelle, plutôt que sur les circonstances extérieures. Au centre de la réaction de stress, il y avait la façon dont les patients se percevaient en relation à leur situation. Lorsque l'estimation des exigences extérieures dépassait leur capacité perçue de satisfaire leurs besoins physiques, personnels et sociaux, leur mode d'adaptation devenait inapproprié et du stress en résultait.

Dans mes enseignements cliniques avec les étudiants en licence, je commençai à utiliser de plus en plus d'exemples de patients où l'état mental négatif de l'individu avait nui à son système immunitaire et où le désespoir retardait la guérison ou accélérait la mort. Cependant, s'éloigner du modèle biomédical et biochimique de la maladie n'était pas facile. L'environnement médical moderne n'encourageait pas à placer la prééminence sur les émotions, le système de croyances et les attitudes du client comme faisant partie d'une approche plus holistique.

Le nouveau paradigme de "santé holistique" était que la maladie organique est un reflet direct d'une perturbation émotionnelle. En conséquence, si nous pouvions soigner le dysfonctionnement émotionnel, à un niveau énergétique le corps se soignerait au final. Cela restait difficile pour les médecins d'imaginer qu'une intervention psychologique pouvait avoir un impact notable sur ce qui apparaissait comme des réactions physiologiques de base. Pourtant, la recherche avait établi, par exemple, que l'utilisation de techniques de relaxation, d'imagerie guidée et de biofeedback aidait à réduire de manière significative les symptômes de nausées expérimentés typiquement par les patients ayant un cancer et traités en chimiothérapie. [1,2]

Au coeur du paradigme de la santé holistique se trouve la croyance que le fonctionnement du corps d'un individu est entrelacé de manière complexe avec le mental et l'esprit. En termes poétiques, la musique essentielle d'une personne doit résonner avec sa dimension physique, sociale, psychologique et spirituelle pour lui permettre de tisser l'étoffe riche de la vie. Lorsqu'un individu ne peut pas réagir à une situation avec la réponse appropriée, son corps est mobilisé à la place. Ceci suscite le méchanisme de stress et contribue au développement de nombreuses conditions "psychosomatiques". Ces conditions incluent des ulcères de l'estomac, d'hypertension, migraines, problèmes cardiaques et autres, et représentent les conséquences physiques de l'incapacité de la personne à gérer les aspects sociaux, psychologiques et émotionnels de la vie. Souvent la peur d'une menace potentielle suffit à elle seule à générer les mêmes réponses physiologiques que la situation réelle.

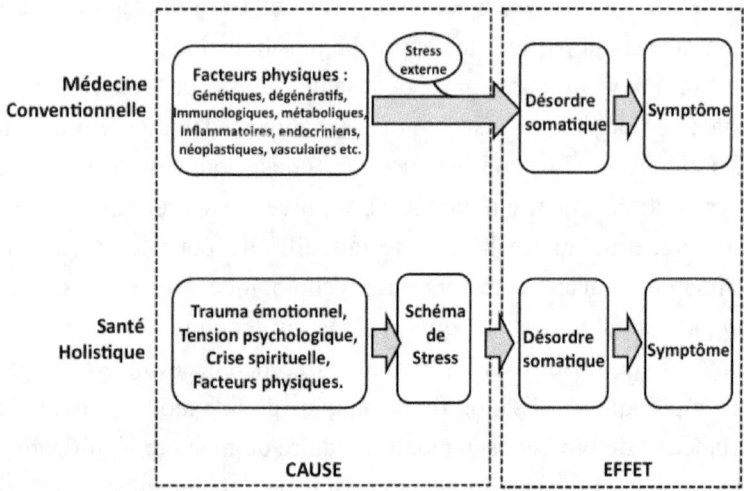

Figure 1: Stress et causes de maladie

Dans *The Creation of Health* (La création de la santé - non traduit en français), Caroline Myss identifie huit schémas de stress qui proviennent de ces dysfonctionnements.[3] Ceci inclut des problèmes personnels non résolus, des attitudes et des croyances négatives, l'incapacité de donner ou recevoir de l'amour, renoncer à s'occuper de soi, faire des choix malheureux, la négligence des besoins physiques et la perte de sens dans la vie. Certains de ces schémas sont visibles dans les études de cas exposées dans les pages suivantes.

Etude de cas n° 1 — Problèmes gastriques intraitables

Je décidai de me lancer dans des études en hypnothérapie et bientôt, je réalisai que le résultat le plus gratifiant de l'art de la relaxation et de la régression était son merveilleux pouvoir de guérison. Les patients qui avaient des symptômes chroniques inexplicables remarquaient des améliorations notables et importantes et souvent des guérisons complètes, une fois que la base émotionnelle du problème était découverte. Souvent, la racine du problème se trouvait être enfouie dans la mémoire inconsciente d'une incarnation précédente, comme ma première leçon en thérapie de vie passée me l'enseigna.

Parmi les collègues de ma classe d'hypnothérapie se trouvait une dame très sensible aux suggestions appelée Clarisse, qui se trouva avoir une énorme influence sur la manière dont je finis par percevoir la guérison. Elle avait la quarantaine et depuis l'age de 5 ans souffrait d'une douleur aigüe, comme un poignard, dans le haut de l'abdomen. Ceci était associé à des crampes de faim. Issue d'un milieu pauvre, sa famille ne pouvait pas fournir suffisamment de nourriture pour tous les membres et elle donnait toujours la priorité à ses frères et soeurs. En conséquence, elle souffrait souvent de la faim.

Durant toutes ces années, l'irrégularité de ses repas avait aggravé ses douleurs, qu'elle décrivait comme "prolongées comme si elles ne s'arrêtaient jamais". A l'âge de 20 ans, elle subit une endoscopic par voie haute, mais ceci ne révéla qu'une inflammation modérée de la paroi duodénale sans ulcération de l'estomac. La douleur resta sévère et ne répondait pas aux médicaments. Elle alla voir un naturopathe qui lui conseilla d'éviter le pain. Après avoir modifié son régime alimentaire, elle se sentit partiellement soulagée de ses symptômes, mais la douleur épigastrique continua à être une source tenace de soucis. Lorsqu'elle arriva en classe d'hypnothérapie, elle était perturbée par sa relation maritale qui se détériorait et cherchait à résoudre son problème par une possible compréhension au niveau métaphysique.

Durant l'atelier, elle fut volontaire pour une régression dans une vie passée et se retrouva au Japon à l'âge de 34 ans, où elle se vit en geisha dans une tenue rouge. Cependant, elle était très malheureuse, en colère et triste dans cette vie. Dans une autre vie passée, elle était dans la ville de Chengdu en Chine, et se trouvait par contraste dans une vie bien plus heureuse et glamour. Elle se voyait porter un kimono japonais avec un dessin de fleur blanche, portant une ombrelle et dansant sur scène pour une large audience. Tandis que le spectacle se terminait, elle salua et sortit de la scène gracieusement, escortée par des gardes du corps. Malheureusement, sa superbe artistique ne dura pas. Son amoureux possessif décida que sa beauté et son allure n'appartenaient qu'à lui et n'étaient pas à partager avec d'autres hommes. Pour s'assurer de sa propriété absolue, il la poignarda à mort. Le couteau perça son estomac, à l'endroit exact où elle sentait la douleur intraitable dans sa vie courante. Au moment de la mort, elle cria désespérée : "Je ne veux pas mourir, je suis trop jeune". Durant la transe, elle découvrit que son amoureux dans la vie passée était son mari dans sa vie courante, et dans la dimension spirituelle, elle dut apprendre le pardon.

Depuis ce jour, les douleurs épigastriques de Clarisse disparurent et elle fut extêmement reconnaissante envers le thérapeute qui rendit cela possible. Deux ans plus tard, nous nous revîmmes et elle confirma qu'elle n'avait plus jamais eu mal depuis. De manière aussi miraculeuse, sa relation avec son mari s'était bien améliorée et était bien plus sereine.

La thérapie de régression dans la pratique médicale

Cette expérience m'enseigna que le but de la régression est vraiment la compréhension et la transformation. Le corps d'un individu peut lui dire quelles leçons doivent être apprises pour changer, mais la responsabilité du processus de guérison appartient au patient lui même. Les médicaments ne peuvent pas enlever la douleur émotionnelle ou le ressentiment qui pourrait bouillir à l'intérieur de lui. Les causes et les effets sont en relation aussi bien au niveau physique qu'au niveau métaphysique, et au delà du temps et de l'espace. Fondamentalement, dans tous les états hypnotiques la distortion du temps est présente et il n'est pas difficile de comprendre comment des liens de causalité peuvent s'étirer au travers d'époques et d'une vie à l'autre. Le propos de base est d'établir comment l'information récupérée d'une incarnation précédente peut améliorer le bien-être du patient dans sa vie courante. Que l'histoire de Clarisse soit perçue comme une vie passée authentique ou un produit de son imagination fertile agissant comme une métaphore sur ses conflits internes, elle a révélé ses problématiques centrales et a contribué à lui présenter une leçon qui pouvait être appliquée à sa vie courante.

Lorsque Clarisse m'a contacté deux ans après son traitement initial, c'était pour avoir mon aide en qualité de thérapeute. Comme je l'ai indiqué ci-dessus, sa relation avec son mari s'était fortement améliorée et elle ressentait un lien fort en relation avec une vie passée avec lui. Tandis qu'elle ne souffrait plus de douleurs gastriques, elle était maintenant dérangée par un niveau élevé d'acidités gastriques, d'indigestion et des épisodes de fringales. Celles-ci se produisaient souvent et elle devait prendre des repas toutes les deux heures pour calmer l'inconfort. La fréquence de ses repas la dérangeait et son symptôme résistait à nouveau aux traitements médicaux. Elle sentait intuitivement qu'elle avait une autre leçon inachevée et avait envie de l'explorer.

Elle régressa vers deux vies passées, les deux en connexion avec ses symptômes courants. Dans la première, elle était née dans une famille de nomades et avait été vendue pour se marier avec le fils d'une famille riche à l'âge de huit ans. Malheureusement, elle fut abusée sexuellement par son mari et lors d'un incident reçut un coup de poing brutal dans l'estomac. Puis, un jour, son mari sortit et ne revint jamais, la laissant seule et sans nourriture. Elle rechercha ses parents mais ne les trouva pas. Un prince dans un costume arabe arriva et lui donna de la nourriture, puis l'emmena dans son palais et la demanda en mariage. Cependant, elle rejeta son offre car elle se sentait indigne de lui.

Dans la seconde vie passée, Clarisse se trouva en Bulgarie, mariée à un autre prince. Cette fois-ci, le beau-père désapprouvait leur mariage et voulait que son fils épouse une princesse. Elle fut donc séparée se son mari de force bien qu'ils s'aimaient. Plus tard, il se retrouvèrent et s'enfuirent pour vivre une vie paisible et satisfaisante, dans un endroit isolé dans la forêt. Ils eurent un fils qui grandit et quitta la maison pour aller vivre à la ville à l'âge de 25 ans, mais malheureusement, ils n'entendirent plus parler de lui ensuite. Ensuite, son mari mourut lorsqu'elle fut âgée de 70 ans. Finalement, elle mourut déçue et en colère, confuse au sujet de son fils qui n'était jamais revenu, bien qu'elle ait découvert plus tard qu'il avait été victime d'une bande et avait été battu à mort. Après sa mort, son corps fut exposé et des animaux sauvages mangèrent une partie de son estomac. Elle vit même ses intestins retirés de son abdomen par un oiseau qui s'envola avec. Dans la dimension spirituelle, elle réalisa que son fils dans la vie passée était son mari dans la vie courante.

D'après Roger Woolger:[4] "Une des caractéristiques remarquables de la thérapie dans les vies passées est que derrière chaque symptôme physique chronique qui résiste au traitement conventionnel, se trouve une histoire plus ancienne de désastre, de privation ou de mort violente incrustée dans le symptôme même." Le cas de Clarisse en est un exemple parfait. Son corps avait l'air de stocker inconsciemment des problèmes enfouis profondément. Après la séance, je l'invitai à déjeuner dans un restaurant proche. Immédiatement, elle réalisa que les symptômes perturbants d'indigestion et d'inconfort avaient cessé. Elle réfléchit et reconnut que ses vies passées avaient influencé son comportement courant de deux manières : (a) la réalisation que les personnages de vies antérieures jouaient un autre rôle dans la vie courante et (b) que son histoire de vie passée était en quelque sorte rejouée dans sa vie courante et était restée inachevée.

A chaque fois que je pensais à l'histoire de Clarisse, la citation suivante de Caroline Myss résonnait en moi :

> Dans le domaine holistique, une hypothèse de base est que la maladie n'arrive pas par hasard. Chaque maladie ou dysfonctionnement qu'une personne développe est l'indication d'un type particulier de stress émotionnel, psychologique ou spirituel. Chacune des caractéristiques d'une maladie, comme sa location dans le corps physique est symboliquement importante.

Etude de cas 2 — Syndrome de l'intestin irritable

La révélation que les impressions psychiques, émotionnelles et physiques survenues dans une vie pourrait d'une certaine manière être transmises dans des vies futures m'éveilla à un vaste territoire inexploré de guérison. Il est intéressant de constater que l'appareil gastro-intestinal est très sensible au stress et est appelé parfois "le second cerveau". Ceci, parce qu'il contient de nombreuses terminaison nerveuses et ses activités impliquent des hormones et des transmetteurs neurochimiques. Dans l'expression commune, on parle de "sentiments viscéraux" tandis que les praticiens médicaux restent intrigués par la condition du Syndrome de l'Intestin Irritable (SII). Ce désordre fontionnel commun est caractérisé par des douleurs abdominales chroniques, des ballonnements inconfortables et un transit intestinal irrégulier, mais en l'absence to toute cause organique détectable. Quelque soit la nature du stress, les personnes souffrant de SII semblent avoir une tolérance moindre et une réaction plus pénible au stress.

Le diagnostique de SII est basé sur les symptômes. Cette condition affecte les gens de différentes manières. Tandis que certains patients ont seulement certains symptômes occasionnellement, d'autres peuvent avoir de graves diarrhées et de la constipation au point que le problème affecte de nombreux domaines de leur vie. Les symptômes peuvent varier en fréquence et intensité chez le même individu d'un jour à l'autre et de mois en mois. Ne pas savoir ce qui va se passer le lendemain fait partie de la nature frustrante de la maladie. La science médicale est déconcertée depuis longtemps par ce problème et le mieux que la plupart des médecins puissent faire est de rassurer le patient sur le fait que la condition n'est pas fatale. Bien que les médicaments apportent un soulagement partiel des symptômes, ils ne traitent pas la racine du problème.

En fait, une des premières régressions en vie passée que j'ai faite fut un exemple de l'efficacité de la thérapie pour éliminer le SII. Deborah était une dame dans la quarantaine, elle-même médecin et elle souffrait d'un SII intraitable depuis de nombreuses années. Quand elle était écolière, elle avait un très haut niveau de stress avant les examens, avec un besoin associé d'aller en urgence aux toilettes. Adulte, elle avait des crampes abdominales et le besoin d'aller aux toilettes dès qu'elle était stressée. Les résultats de sa coloscopie furent normaux et le gastroentérologue lui donna les conseils diététiques usuels, un médicament antidiarrhéique et des antispasmodiques en guise de traitement.

Après un voyage Deborah eut plusieurs attaques de douleurs

La thérapie de régression dans la pratique médicale

abdominales et de diarrhée qui furent déclenchées par la pensée de la nourriture, de prendre des repas loin de la maison ou de se trouver à distance de toilettes publiques.

Lors de notre première séance, elle régressa dans la vie d'une jeune fille pauvre, en haillons et sandales, traînant seule autour d'un marché. Elle réalisa qu'elle était enceinte et décida de subir un avortement, après quoi elle eut des remords et perdit progressivement la vue. Ce fut une vie de misère et de souffrance. Elle vécut jusqu'à 80 ans et au moment de la mort elle se sentit soulagée et fatiguée. Dans la dimension spirituelle, elle rencontra son enfant pour obtenir son pardon et en sortant de la transe, elle m'informa de la coïncidence que son fils dans la vie courante souffrait d'une myopie sévère et était menacé d'un décollement de rétine. La bonne nouvelle fut que Deborah eut cinq jours d'absence de douleurs immédiatement après la séance. Les épisodes de diarrhée furent considérablement réduits.

Dans la seconde séance, elle régressa dans la vie d'un orphelin en Inde. Sa mère et son jeune frère étaient morts dans un accident de charrette, tandis que sa meilleure amie, une chinoise, avait été torturée à mort par un policier. Devant cette perte émotionnelle, il grandit avec une colère extrême et dans sa vingtaine, il se vengea du policier en se faisant exploser. Au moment de la mort, sa colère l'empêcha de rechercher le pardon, donc, pour l'aider à trouver la paix intérieure, je la conduisis dans un endroit de guérison. Il y eut une réduction importante de son niveau d'angoisse après la séance et elle partit en vacances aux Philippines. Durant son voyage, elle alla faire du canoe et l'embarcation se retourna, mais elle se souvint qu'elle garda son calme durant la crise. Elle fut surprise par son calme durant une situation qu'elle décrivit comme "l'un des plus grands cauchemars" de sa vie.

Dans la troisième séance Deborah signala un symptôme

différent mais connecté. Elle le décrivit comme une "angoisse d'aéroport" car à chaque fois qu'elle voyageait par un aéroport ou même pensait à un aéroport, cela déclenchait en elle des crampes abdominales sévères et de la diarrhée. Durant la régression suivante elle fit l'expérience spontanée d'un flash-back du tsunami mortel de décembre 2004, et régressa au moment où elle regardait à la télévision les grosses vagues du tsunami emporter les victimes sur la côte thaïlandaise. Choquée par la dévastation, elle voulut vraiment aider les victimes, mais sa situation ne lui permit pas de se joindre à une mission humanitaire. Un mois plus tard, son mari et elle partirent pour des vacances à Phuket, au large des côtes de Thaïlande et elle ressentit de la culpabilité de profiter des tarifs de billets d'avions très bas à la suite du tsunami. Elle fut assi dérangée par l'odeur de pourriture des corps en décomposition. Tandis que la séance continuait, elle régressa dans la vie passée d'une femme âgée d'une trentaine d'années. Elle embarquait dans un petit avion avec un homme à destination d'un endroit de vacances. L'avion décolla, traversa une petite étendue de mer et se dirigea vers une île, quand des turbulences soudaines le firent s'écraser au sol et prendre feu. Au moment de la mort son souci fut pour ses deux enfants, âgés de 7 et 9 ans, qu'elle avait largement ignorés alors qu'elle voyageait fréquemment. Dans la dimension spirituelle, elle sollicita leur pardon.

Deborah revint pour une quatrième séance lors de laquelle elle régressa dans un village africain. Elle était une femme de 20 ans qui devait s'occuper d'un mari handicapé et malade mental et d'une demi-douzaine d'enfants. Elle devait aller vendre des légumes au marché, prendre soin d'un bébé, cuisiner les repas de la famille et se sentait très stressée. Dans sa frustration et sa colère, elle frappa son mari sur la tête et le tua par accident. Avec un soupir, elle se vit ensuite être arrêtée par les villageois pour son crime. Ses mains furent attachées derrière son dos et elle fut placée au milieu d'un champ et brûlée à mort. Dans la dimension spirituelle, elle regretta de ne pas avoir persévéré dans la vie et avait opté pour la sortie facile. Elle demanda pardon. Et plus important, elle commença à voir le même schéma dans sa vie courante dans laquelle elle ressentait la même frustration avec son mari et ses enfants.

A la suite de sa quatrième séance les symptômes d'angoisse d'aéroport avaient complètement disparu. Je vérifiai un an plus tard et elle n'avait plus de symptômes de SII. Ce qui avait été transporté d'une vie sur l'autre semblait être un schéma qui s'était développé de ses actions, désirs et motivations, ou ce que certains appellent "karma". Après des séances de thérapie dans les vies passées, elle se sentait plus connectée à un plan plus large de vie et un sens plus fort de ses valeurs personnelles. Ses différentes vies semblaient être liées par un fil commun et la leçon était d'accorder de l'importance aux membres de sa famille et de profiter des opportunités de sa vie.

Etude de cas 3 — Vertige

Il y a des fois où les symptômes inexpliqués d'un patient répondent seulement partiellement ou résistent à la thérapie de régression. Une des raisons un peu controversées de ceci est la présence de l'énergie intrusive d'esprits désincarnés qui s'est attachée au patient. Généralement, lorsqu'une condition est imposée par un esprit désincarné, la thérapie de régression seule n'arrive pas à éliminer le symptôme.[5]

Tannie avait souffert d'anxiété et de SII durant les dix dernières années, avec des attaques occasionnelles de panique qui la conduisaient aux urgences hospitalières régulièrement. Elle avait des problèmes avec son époux, qui s'attirait des dettes tandis qu'elle devait gagner suffisamment d'argent pour payer ses factures. Sept ans auparavant, elle avait commencé à avoir des acouphènes à la suite d'un voyage en avion, et il y a trois ans, elle avait décidé de prendre des leçons de Chi Gong (énergie vitale) dans l'espoir d'en guérir, mais malheureusement la situation s'était plutôt aggravée. Au même moment, elle commença à avoir des vertiges. Elle avait des étourdissements et ressentait une sensation de "balancement" comme si elle "tombait d'un grand huit aérien".

Ensuite, elle se mit à faire l'expérience d'une sensation inexplicable de "queue qui sortait de derrière sa tête" à chaque fois qu'elle tournait la tête. Les spécialistes médicaux ne touvaient rien d'anormal dans son système vestibulaire et son système nerveux central. Bientôt, elle se mit à souffrir d'insomnie également et remarqua que ses problèmes s'aggravaient avant ses règles. En plus, elle se mit à avoir un rêve récurrent à propos de chercher des toilettes.

Tannie prit plusieurs séances d'hypnothérapie de relaxation pour apprendre à contrôler ses étourdissements en visualisant qu'elle était à bicyclette pour apprendre l'équilibre. Après une certaine réticence, elle accepta d'essayer la thérapie de régression aussi, mais lorsque la régression dans les vies passées fut évoquée, elle rejeta cette idée sur la base qu'elle avait assez d'ennuis dans la vie courante.

Durant la première séance, je fis régresser Tannie à l'âge de 4 ans, où elle se vit avec sa soeur en train de rendre visite à leur mère qui venait de donner naissance à une petit frère. Elle entra en catharsis à la vue de sa mère et n'arrivait pas à comprendre pourquoi : "Quand je vois ma mère et son bébé, je pleure. Je sais que je devrais être heureuse, mais je pleure."

Au milieu de ses émotions, une histoire chargée de culpabilité émergea. La mère de Tannie mourut lorsque Tannie eut 28 ans. Tannie et sa soeur étaient en vacances en Chine au moment où leur mère décéda. Sa soeur avait déjà été absente

La thérapie de régression dans la pratique médicale

pendant plusieurs mois et leur mère attendait son retour. Tannie était juste en train de changer de travail et avait décidé de rejoindre sa soeur à l'étranger. Juste avant qu'elle ne parte pour la Chine, sa mère avait subi des examens médicaux de routine et tout allait bien. Une semaine plus tard, Tannie reçut les nouvelles du décès de sa mère d'une crise cardiaque et rentra précipitamment pour les funérailles. Elle dit : "J'étais sous le choc. Je ne pouvais pas croire qu'elle était morte." Apparemment, elle n'avait jamais surmonté la culpabilité. En régression, elle revécut la scène des funérailles pensant qu'elle aurait pu passer plus de temps avec sa mère.

Tannie connut une amélioration certaine après la première régression et le problème d'étourdissement diminua. Son histoire me rappelait les mots de Charles Whitfield dans *L'enfant en soi* :[6]

> La culpabilité peut être soulagée de manière substantielle en reconnaissant sa présence et en y travaillant. Ceci signifie que nous en faisons l'expérience et nous en discutons avec quelqu'un d'approprié et de confiance. Dans sa résolution la plus simple, nous pouvons nous excuser auprès de la personne que nous avons blessée ou trompée et demander son pardon. Dans sa forme plus complexe, nous pouvons avoir à discuter de la culpabilité plus en profondeur, avec la personne concernée ou en thérapie individuelle.

Un mois plus tard, Tannie revint pour une deuxième séance. Elle avait eu une attaque panique dans un ascenseur plein de monde. Elle avait consulté un médecin le lendemain et il lui avait prescrit un antidépresseur, mais le médicament n'avait pas aidé et avait même aggravé son insomnie.

Comme la sensation de "balancement" lui posait encore problème, je décidai de la faire se concentrer dessus et elle entra immédiatement en cartharsis, tandis qu'elle régressait sur ce qu'elle décrivit comme le moment le plus noir de sa vie.

Cela se passait alors qu'elle assistait à la première classe de Chi Gong, juste après laquelle elle commença à avoir des étourdissements. Elle se vit assise sur le sol tandis que le maître de Chi Gong marchait autour. Elle eut très peur à la pensée de cette classe, l'environnement sombre et le maître de Chi Gong lui-même. Son coeur battait rapidement, sa respiration était difficile et son corps tremblait de tension.

Sur la base de ces étranges symptômes, de sa voix tremblante et de la peur intense sur son visage, je soupçonnai qu'elle pourrait avoir un esprit désincarné attaché à son corps énergétique. Pour son confort, j'approfondis son niveau de transe avant d'initier un dialogue avec l'entité désincarnée. Il s'agissait d'une jeune fille qui ne voulait pas donner son nom, mais elle s'était attachée au corps de Tannie depuis 3 ans, lorsqu'elle avait commencé les classes de Chi Gong. Elle affirma que son but était de faire souffrir son hôte, mais ne donna pas de raison pour cela. Après un peu de persuasion, l'esprit désincarné éclata en larmes et fut d'accord pour quitter le corps de son hôte, si elle était accompagnée par sa mère. Alors qu'elle s'en allait, la tension physique de Tannie disparut.

Lorsqu'elle émergea de la transe, elle indiqua qu'au moment où l'entité s'en était allée, elle avait ressenti une joie soudaine et caractéristique, ainsi qu'une détente.

Le jour suivant, Tannie m'écrivit avec bonheur :

J'ai eu un mal de tête et l'estomac ballonné depuis que je suis venue hier, mais la sensation de balancement s'est beaucoup réduite et je n'ai jamais été si claire mentalement. Je me sens tellement détendue quand je marche !

Huit mois plus tard, elle eut une expérience dont elle pensa qu'elle était étonnante. Elle était en vacances à Dubaï et eut suffisamment de courage pour entreprendre une balade en chameau dans le désert. Elle découvrit qu'elle pouvait surmonter la peur de la sensation de balancement et sut qu'elle était de nouveau normale.

Etude de cas 4 — Eczéma et Hyperhidrose

Thomas était un responsable marketing d'âge moyen qui souffrait d'eczéma des doigts depuis trois ans. Cette condition tendait à s'enflammer avec le stress, mais il avait noté qu'elle disparaissait à chaque fois qu'il voyageait, que ce soit pour le travail ou pour des vacances.

En demandant à Thomas de se concentrer sur les émotions associées avec sa condition, il régressa à un moment antérieur dans sa vie où il se trouvait seul dans sa chambre. Il évitait ses parents et se sentait misérable. Thomas connut alors plusieurs ruptures sentimentales et se reprocha les échecs. Il fut expatrié en Chine et avait des difficultés avec la pression de porter seul sur ses épaules le fardeau des ventes dans cette compagnie. Au même moment la santé de son père se détériora et sa petite amie attendait qu'il rentre pour se marier avec elle. L'eczéma se développa alors qu'il ressentait le stress de devoir plaire à tout le monde. Bientôt l'eczéma s'aggrava et il ne put plus toucher les choses confortablement ; il se sentit "comme un lépreux" et des émotions de colère l'envahirent.

Avec l'aide de l'imagerie guidée, j'amenais Thomas dans un jardin de soins et je lui demandai de visualiser les propriétés thérapeutiques des buissons, des fleurs et de l'étendue d'eau autour de lui. Tandis qu'il se lavait et s'immergeait dans la fontaine thérapeutique, il fit l'expérience d'un moment soudain de révélation à propos de sa leçon de vie. Dans les cinq années passées de sa vie professionnelle active, il n'avait fait qu'avancer à marche forcée et gérer son stress, mais ne s'était jamais arrêté pour permettre à son corps de se revitaliser et de guérir.

Une semaine plus tard, Thomas revint et l'eczéma sur ses doigts avait séché. Il se sentait encouragé par la thérapie et demanda que je traite un autre problème - une sudation excessive (hyperhidrose). Cela durait depuis longtemps et s'aggravait à chaque fois qu'il était en stress. Pour gérer cette difficulté, Thomas mettait l'air conditionné dans sa chambre quand il se levait le matin. Néanmoins, au moment où il arrivait dans le parking pour prendre sa voiture, sa chemise était invariablement trempée de sueur.

Thomas régressa à un moment où il était un détresse émotionnelle sévère à cause de sa sudation excessive. Il revécut ces moments stressants où il avait à faire face au rythme rapide de la vie qu'il avait créée. Et il réalisa que c'était ce stress créé et entretenu par lui-même qui avait généré la sudation excessive dans sa vie.

Le jour suivant, Thomas m'informa tout excité qu'il n'avait pas eu besoin d'allumer l'air conditionné ce matin là pendant qu'il s'habillait. Il avait également réussi à arriver au parking avec une chemise sèche. Une semaine plus tard quand nous nous vîmmes, il dit que sa sudation avait miraculeusement et complètement disparu.

Résumé

La thérapie de régression a un potentiel incroyable de guérir et transformer le patient et présente une variété de techniques à utiliser. Mais acquérir les techniques est seulement un aspect de l'obtention de meilleurs résultats avec la thérapie. Ce qui est tout aussi important, c'est que le thérapeute apporte sa compassion, son amour, son inspiration et son expérience de vie et les mette à profit dans le processus pour le bénéfice du patient.

Dans les dernières années, la médecine en est venue à considérer la personne dans son entier, au milieu de tout son environnement à l'aide d'une diversité de pratiques de guérison complémentaires. La maladie est de plus en plus perçue comme un changement inconscient dans le corps d'un individu qui manque de courage pour examiner ce qui ne fonctionne pas dans sa vie. Cette approche inclut la médecine humaniste, comportementale et intégrative, ainsi qu'une appréciation du patient en tant qu'être émotionnel, mental, social et spirituel au même titre que physique. Ce changement de paradigme améliore la capacité des patients à aller au delà de la maladie pour trouver un mode de vie qui permette d'exprimer leur potentiel en tant qu'individus équilibrés émotionnellement, connectés socialement et comblés spirituellement. Il respecte leur capacité à guérir eux-mêmes et les considère comme des partenaires actifs dans les soins de santé, plutôt que des receveurs passifs.

A PROPOS DE L'AUTEUR

Dr Peter Mack MBBS, FRCS(Ed), FRCS(G), PhD, MBA, MHlthEcon, MMEd

Peter est un chirurgien général qui a pratiqué dans un hôpital public à Singapour pendant plus de trois décennies. Il a un doctorat en science médicale et trois mastères en administration des entreprises, en économie de la santé et en éducation médicale. Il est également un hypnothérapeute certifié avec un diplôme en thérapie de régression. Peter est l'auteur des livres *Guérir ses blessures intérieures profondes* et *Life Changing Moments in Inner Healing*. Il est un membre fondateur de la *Society for Medical Advance and Research with Regression Therapy*. Les lecteurs souhaitant le contacter peuvent le faire à l'adresse email suivante : dr02162h@yahoo.com.sg.

REFERENCES

1. Carey, M.P., & Burish, T.G., *Etiology and Treatment of the Psychological Side Effects Associated with Cancer Chemotherapy: A Critical Review and Discussion.* Psychological Bulletin, 104, 307–325. 1988.
2. Burish, T.G., & Jenkins, R.A., *Effectiveness of Biofeedback and Relaxation Training in Reducing the Side Effects of Cancer Chemotherapy.* Health Psychology, 11, 17–23, 1992.
3. Myss, C., & Shealy, N., *The Creation of Health – The Emotional, Psychological and Spiritual Responses that Promote Health and Healing.* Bantam Books, 1988.
4. Woolger, R., *A la recherche de nos vies antérieures : une thérapie révolutionnaire.* Editions Exergue, 2003.
5. Ireland-Frey, L., *Freeing the Captives.* Hampton Roads Publishing Company, 1999.
6. Whitfield. C., *L'enfant en soi.* Editions Béliveau, 2002.

5

Travailler avec des clients diffficiles

Tatjana Radovanovic Küchler

Accorde moi la sérénité d'accepter les choses que je ne peux pas changer, le courage de changer les choses que je peux changer, et la sagesse de connaître la différence..

Dr Reinhold Niebuhr

Introduction

Je pratique l'hypnothérapie professionnellement depuis 2004 et je l'enseigne depuis 2006. Depuis mon enfance, j'ai été attirée par les vies passées et plus tard par la thérapie de régression. Mais j'ai dû d'abord apprendre tout ce que je pouvais sur l'hypnothérapie. Dans l'une de ces formations, j'ai appris combien il était puissant de régresser les gens à la racine de leur problème dans la vie courante, et je m'en suis servi avec succès dans ma pratique. Dans un autre atelier, la thérapie de régression dans les vies passées fut introduite et je sus que c'était quelque chose que je voulais développer. Cela m'a donné le chaînon manquant, les outils efficaces dont j'avais besoin et a rendu mon travail beaucoup plus profond.

Je reçois des clients dans mon cabinet à Genève, mais

beaucoup ne sont pas ouverts à l'hypnothérapie et la régression. Certains sont analytiques par nature, tandis que pour d'autres, c'est leur éducation culturelle qui n'est pas "ouverte". C'est pourquoi, j'ai développé quelques méthodes pour gérer ces soi-disant clients "difficiles". Cependant, je ne m'occupe pas de clients qui ont des problèmes de santé mentale sérieux. Je crois qu'ils devraient être suivis par des thérapeutes expérimentés qui ont été formés à s'en occuper. Comme vous pouvez l'imaginer, je n'ai pas un livre de recettes que l'on peut suivre pour chaque cas difficile. Mon but est plutôt de vous donner des idées et peut-être de stimuler votre imagination sur comment les gérer.

Donc, qu'est-ce qu'un client difficile exactement ? Peut-être c'est juste quand l'égo du thérapeute est blessé parce que le client ne répond pas comme attendu, ou que le client n'est pas capable de l'aider ? Ou bien, c'est peut-être quand le client est effrayé que l'approche du thérapeute ne fonctionne pas ? Quelque fois c'est un peu des deux.

C'est surtout pour un nouveau thérapeute qu'il peut être frustrant de travailler avec des clients difficiles et analytiques. J'ai vécu ce genre de difficultés et ai appris que beaucoup de mes collègues dans ce domaine se battent avec ces difficultés. Une vision positive peut aider. Ils peuvent être vus comme des défis et un "clin d'oeil" de l'univers pour vous aider à devenir vraiment un grand thérapeute. En premier lieu, être positif va influer très positivement sur le résultat. J'ai énormément appris de clients difficiles, même si parfois, ils ont vraiment été un casse-tête.

Tous les clients sont des individus uniques et il n'y a pas deux problèmes qui peuvent être résolus exactement de la même manière. Ainsi, soyez conscients que vous pourriez avoir à vous adapter à chacun de vos clients. Quelques clients restent "difficiles" quoique vous fassiez ou quelque soient vos talents. L'important est de ne pas laisser cela devenir personnel et de ne pas devenir défensif. Quelque fois les clients n'ont pas idée qu'ils sont difficiles, mais pensent plutôt que le problème est que vous ne savez pas vous y prendre avec eux.

Clients distants et inaccessibles

Lorsque je rencontre des personnes distantes et inaccessibles, je m'ouvre à "ressentir" leur problème. Je ne dis pas que vous devez prendre en charge tout le fardeau de leurs difficultés. Je les laisse juste "être" et leur permets de m'envoyer toutes sortes d'informations sur tous les niveaux de communication. Cela pourrait être physique, énergétique, kinestésique, visuel ou auditif. Il se pourrait qu'ils soient effrayés et que leur comportement est simplement une façon de gérer une situation difficile. Je laisse ce qu'ils disent résonner en moi et les réactions qu'ils manifestent me donnent beaucoup d'informations sur leur ressenti.

Pour faire cela vous devez demander la permission de recevoir des informations intuitives sur votre client. Habituellement, j'en forme l'intention avant de démarrer mon travail durant ma méditation quotidienne, mais je la renforce durant la séance si je remarque que la "communication" est bloquée. Je me dis : "S'il vous plait, ouvrez mon champ énergétique et permettez-moi de percevoir l'information à tous les niveaux de communication, de façon à aider le client de la meilleure manière possible pour leur bien supérieur".

Si vous laissez cela arriver et "ressentez sa douleur" vous pourriez être surpris par la façon dont le client s'ouvre. Une fois que la séance est terminée, il est souvent presque normal et relax, son arrogance ou les autres comportements peuvent avoir disparu – même si vous n'avez pas conscience d'avoir fait quelque chose de spécial.

Cela vous aidera à établir un bon relationel avec le client et vous permettra de poser toutes les bonnes questions pour l'aider à surmonter son problème. Mais lorsque la séance est terminée, coupez le lien énergétique avec le client. Ceci peut être fait par intention ou en demandant à vos guides de couper le lien avec amour et pardon. Cela vous aidera à être "ouvert" pour le prochain client et vous détacher de l'énergie du client précédent.

Clients résistants

Si je sens qu'un client résiste ou bloque, je lui demande de la manière la plus directe possible, s'il est vraiment prêt à résoudre son problème. S'il répond "oui", je lui demande s'il est prêt à suivre la thérapie que je propose et de faire tout son possible pour que la thérapie marche. Ceci peut être fait à n'importe quel moment que l'on estime approprié. Dans un certain sens, c'est un contrat verbal, par lequel il donne son consentement pour suivre mes directions. Cela lui donne aussi la possibilité de partir s'il n'est pas prêt à travailler sur ses problèmes. Je crois qu'il n'y a aucun intérêt à travailler sur quelque chose si l'un des participants n'est pas prêt. Ceci a créé pour moi un relationnel efficace et les clients difficiles sont devenus beaucoup plus faciles.

Expliquer l'hypnose et la régression

L'hypnose est un terme effrayant chargé de nombreuses incompréhensions, à commencer par le mot lui même, qui est le terme grec pour sommeil. J'utilise souvent l'hypnose comme partie du processus de régression. Parfois les gens ont des idées erronées sur ce qu'est l'hypnose. Ils arrivent en consultation avec les idées provenant de ce qu'ils ont vu à la télévision, lu dans des livres ou vu sur internet. L'observateur peut avoir l'impression que la transe hypnotique est un état inconscient comme lorsqu'on dort. Et, il peut sembler alors que le sujet en transe répond aux commandes de l'hypnotiseur sans aucune volonté de sa propre part. Ou bien, il peut arriver que certains s'attendent à ce qu'une régression dans une vie passée sera tellement réelle, qu'ils pourraient se retrouver coincés dans la vie passée.

Ces idées fausses n'aident pas, car après, le client peut penser qu'il n'était pas en hypnose, ou que la vie passée n'était pas vraie, et certains deviennent déçus du fait que la séance n'a pas répondu à leurs attentes. Ils pourraient passer à côté du fait qu'ils ont vraiment été en transe et que les images qu'ils ont vues venaient vraiment d'une vie passée. Une vie passée peut être percue de manière précise par certains, mais tout le monde n'a pas des images qui se présentent.

La chose la plus importance à faire est d'informer le client sur l'hypnose et la régression et lui dire exactement à quoi s'attendre, en donnant des exemples auxquels il peut s'identifier. Il est utile pour lui d'avoir confiance en la possibilité d'y arriver. Souvenez-vous comment vous vous êtes senti(e) la première fois que vous avez fait vous-même l'expérience d'une séance d'hypnose ou de régression. Vous pouvez avoir eu peur de ne pas entrer en transe hypnotique ou de n'être pas capable de régresser vers quelque chose d'intéressant. Un relationnel de bonne qualité et de la confiance de la part du thérapeute sont nécessaires pour arriver à une bonne séance et cela vient des attentes que l'on a crées. Voici une explication que je donne à mes clients :

L'hypnose est un état que les gens expérimentent tous les jours. Ils entrent et sortent de transe naturellement tout le temps. Ceci arrive quand une personne arrive à sa destination en voiture ou à pied et n'a pas remarqué certains points ou évènements de son trajet. C'est parce qu'elle a fait ce trajet tellement de fois qu'elle n'a plus besoin d'y penser consciemment. Nous pouvons considérer toutes les choses que nous faisons automatiquement comme un état d'hypnose.

Lorsque les gens sont en transe, les suggestions sont acceptées facilement par l'inconscient. Par exemple, quelqu'un m'a dit une fois que j'avais un sac énorme et se se demandait comment je pouvais trouver les choses à l'intérieur. Depuis, à chaque fois que je cherche quelque chose, je bataille pour m'y retrouver et quelque fois je n'arrive pas à trouver mes clés ou mon ticket de parking ! Pourquoi ? Parce que la suggestion a atteint mon subconscient et bien qu'il soit vrai que j'aime les grands sacs, j'ai également accepté le reste de la suggestion.

Le pouvoir de l'hypnose profonde peut être démontré avec l'utilisation qu'en fait la profession médicale en remplacement de l'anesthésie pour des opérations chirurgicales. Les personnes ne sentent pas la douleur de la chirurgie lorsqu'ils sont en transe profonde et un rétablissement bien plus rapide peut se produire. Cela peut arriver également avec les accidents. Nous pouvons aller en transe lors du choc d'un accident, comme lorsqu'on se cogne un genou, et remarquer plus tard que l'on est blessé.

Avec ces sortes de transes naturelles les gens sont conscients de leur environnement et capables d'entendre tout ce qui se passe. La même chose arrive durant une séance d'hypnose. Vous serez toujours conscient(e) des mots prononcés et de la présence de vos pensées. Vous pourrez avoir des cycles de transe plus légère alternant avec des niveaux plus profonds dans la même séance.

La régression peut dans certains cas être expérimentée à un niveau plus physique et certains voient les images comme dans un film. D'autres personnes ont tendance à ressentir ou à "savoir" ce qui leur arrive.

Il est utile de savoir que les gens se souviennent d'évènements par association émotionnelle. Vous avez pu entendre une chanson à la radio qui vous rappelait un évènement particulier de votre vie. Elle déclenche toutes sortes de souvenirs qui remontent de façon très détaillée. Vous pouvez vous souvenir de l'endroit où vous vous trouviez, ce que vous faisiez et avec qui vous étiez à ce moment-là. Le déclencheur pourrait être un son ou une odeur. J'avais un client qui se sentait malade à chaque fois qu'il sentait l'odeur de la lavande. Lors d'une régression, il se souvint d'une vie passée où la lavande était utilisée comme antiseptique durant une épidémie de peste.

De la même manière, nous allons utiliser votre problème en l'associant à un souvenir du passé. Vous pourriez ne pas vous en souvenir tout de suite, mais lorsque nous utilisons les associations et les techniques correctes, vous y arriverez. Parfois, les personnes peuvent simplement savoir ce à quoi le problème se rapporte, quelque fois même savoir qu'il vient d'une vie passée. Comment peuvent-ils en être sûrs ? C'est un savoir intuitif et la régression va se dérouler dans ce sens. Soyez ouvert(e) et faites confiance à ce qui se présente. Il n'y a pas de juste ou faux et je vais vous aider avec ce dont vous ferez l'expérience.

TESTS DE SUSCEPTIBILITÉ

Dans quelques cas, il est utile d'aller au delà de l'explication de l'hypnose. Les tests de susceptibilité peuvent être utilisés pour convaincre les clients qu'ils sont hypnotisables et aussi pour leur démontrer qu'ils sont en état d'hypnose. De nombreuses personnes, surtout les clients analytiques, vont aller plus loin en transe après un test de susceptibilité, car cela leur donne une idée de ce qu'est l'hypnose et aussi qu'ils peuvent aller facilement en transe hypnotique.

Le citron

Demandez au client d'imaginer qu'il coupe un citron en deux et qu'il laisse le jus couler dans sa bouche. S'il l'imagine, il aura une réaction physique de salive qui s'accumule dans la bouche. Il est intéressant de souligner qu'il n'a physiquement pas de citron, mais qu'il peut reproduire la réaction physique spontanément.

Le livre et le ballon

Demandez au client d'imaginer un livre lourd dans une main et un gros ballon rempli d'hélium attaché à l'autre main, avec les deux bras étendus. Avec les yeux fermés faites-lui la suggestion que la main qui contient le livre s'alourdit et que celle avec le ballon devient plus légère. Après quelques secondes, le bras avec le livre va devenir plus lourd et s'en aller vers le sol, tandis que l'autre main avec le ballon va devenir plus légère et s'élever vers le plafond. L'importance à ce moment est qu'il sente la lourdeur ou la légèreté dans son bras, ce qui signifie qu'il est en transe et accepte les suggestions.

Paupières fixes

Demandez au client de regarder votre doigt qui devrait se trouver à une vingtaine de centimètres de son visage. Demandez-lui de fermer les yeux, mais de continuer à "regarder" votre doigt. Dites-lui ensuite de continuer à concentrer ses yeux fermement sur le doigt tandis que ses paupières sont closes comme si elles étaient collées avec de la superglue. Puis dites-lui de continuer à regarder le doigt à travers les paupières étroitement fermées tandis que vous approchez le doigt de son front. Parce qu'il est impossible d'ouvrir les yeux lorsqu'ils sont retournés vers le haut, au moment où vous lui direz de les ouvrir, il ne va pas pouvoir le faire et croira qu'ils sont super collés.

Doigts magnétiques

Demandez au client de croiser les doigts de ses deux mains, sauf les deux index élevés et distants d'environ deux centimètres. Demandez-lui de se concentrer sur l'espace situé entre les deux index et de regarder alors que les doigts se rapprochent inexorablement comme deux aimants attirés l'un vers l'autre. Si le client résiste, continuer à renforcer la suggestion que les doigts se rapprochent, avec une attraction magnétique de plus en plus forte. Ceci aide à montrer au client ce que vous voulez qu'il fasse, car lorsque les doigts sont dans cette position, ils seront naturellement fatigués et auront tendance à se relâcher l'un vers l'autre.

Inductions rapides

Certains sujets sont extrêmement analytiques et peuvent avoir besoin de différents types d'indution. Un bon hypnothérapeute a besoin d'une variété d'inductions qu'il peut utiliser et adapter selon les clients. Les scripts de confusion peuvent être utilisés, mais personnellement, je pense qu'une induction rapide conduit les clients analytiques plus rapidement au niveau désiré. Une de mes inductions préférées est une variante du travail de Dave Elman :

> **Relaxez-vous simplement et prenez quelques respirations profondes...** maintenant, j'aimerais que vous rouliez les yeux dans leurs orbites, vers le haut, sans bouger la tête... C'est bien... et maintenant fixez le regard sur un point du plafond/mur... c'est ça... et concentrez-vous sur ce point et concentrez-vous sur votre respiration... à l'intérieur... et à

l'extérieur... douce et détendue... comme ça.

Dans un moment, les yeux vont être fatigués et ce point sur le plafond/mur va devenir flou... et lorsque cela va se produire, je veux que vous fermiez les yeux et que vous vous détendiez... (attendez) c'est bien.

Dans un petit moment, je vais vous dire d'ouvrir et de fermer les yeux plusieurs fois... et chaque fois que vous les fermez, vous vous sentirez deux fois plus détendu, deux fois plus profond... et chaque fois que vous essaierez de les ouvrir, ce sera de plus en plus difficile... Bien.

Alors, ouvrez les yeux maintenant... et fermez-les encore... et sentez-vous devenir deux fois plus relaxé, deux fois plus confortable... notez comme c'est bon... et maintenant ouvrez les yeux à nouveau... et refermez-les... (répétez autant de fois que nécessaire, normalement 3 fois en tout) **Excellent... vous le faites très bien.**

Dans un moment, je vais lever votre main en la tenant par le poignet... ne m'aidez pas à la lever... Laissez juste votre bras être aussi lourd que du plomb... et laissez-moi lever... Le thérapeute doit lever la main par le poignet. Si le client l'aide à lever sa main, dire : "Non, laissez aller la main complètement... laissez-la être relâchée et détendue" et secouer la main jusqu'à ce qu'elle devienne molle et relâchée.... **C'est cela... elle est molle et relâchée... et lorsque je vais la laisser retomber sur vos jambes... vous allez vous sentir 10 fois plus détendu...** Le thérapeute laisse tomber la main du client sur ses cuisses... **et maintenant, vous êtes 10 fois plus détendu... c'est cela... parfait... maintenant vous êtes physiquement détendu... vous allez pouvoir vous détendre mentalement ...**

Dans un moment, je vais vous demander de commencer à

compter à rebours en partant du nombre 99... et alors que vous comptez doucement et lentement, chaque nombre va doubler votre relaxation mentale... Et relâchez immédiatement ces nombres de votre esprit... Peut être à 98 ou 97... ces nombres s'effacent de votre esprit... et vous avez une belle et profonde relaxation mentale... et si vous voulez que cela arrive... une fois que ces nombres sont partis... vous lèverez un doigt pour me faire savoir que les nombres sont partis.... et maintenant commencez à compter lentement et doucement... metter l'emphase vocale sur les mots lentement et doucement.

Alors que le client commence à compter, entre chaque compte ajoutez les suggestions :

... doublez votre relation mentale...

... doublez là encore et tandis que vous comptez plus lentement...

... laissez ces nombres disparaître maintenant...

... ils ne sont plus importants...

... laissez les se dissiper...

Attendez que le client lève le doigt. Cela peut arriver assez vite. S'il va au delà de 95, dites leur fermement que les nombres sont partis maintenant.

Bien, tous les nombres sont partis maintenant et vous êtes dans un état profond d'hypnose... physiquement détendu... et mentalement détendu.

Ajoutez un approndisseur de votre choix.

Inductions Spontanées

Certains clients auront besoin de quelque chose de plus rapide, une induction spontanée (ou instantanée). Alors qu'une induction rapide prendra à peu près 3 à 5 minutes, une induction spontanée prendra en moyenne moins de 30 secondes. Cela ne donne pas au client le temps de penser à ce qui se passe. En provoquant une confusion, un choc ou une perte du sens d'équilibre, ses sens et ses facultés cognitives sont soudain débordés et le conduisent à une transe dissociée.

Le doigt au front

C'est l'une de mes préférées et c'est une variation des "paupières fixes", le test de susceptibilité dont nous avons discuté plus tôt. Le client doit être assis sur une chaise à dos droit avec les mains posées sur les cuisses. Le thérapeute est assis en face du client ou peut être debout, tenant son index à plusieurs centimètres de ses yeux. Il faut obtenir la permission du client de toucher son front avant de commencer à procéder comme suit :

Suivez des yeux le mouvement de mon doigt... Approchez le doigt de leur front. Une fois que le doigt est proche, le client va fermer ses yeux automatiquement. Sinon, lui demander de le faire. **Continuez à regarder à travers les yeux fermés, le point que je vais toucher sur le front...** Touchez le légèrement sur le front. **Tandis que vous faites cela, essayez d'ouvrir les yeux... vous ne pourrez pas les ouvrir... ils restent bien fermés... plus vous essayez, plus ils restent fermés... arrêtez d'essayer maintenant et allez plus profond.**

Vous devez vous assurer que le client est vraiment en train d'essayer d'ouvrir ses yeux. Puis poussez sa tête légèrement

Travailler avec des clients difficiles

avec votre index, en la soutenant avec l'autre main au niveau du cou pour ne pas qu'elle penche en arrière. **Ne me laissez pas pousser votre tête trop loin en arrière...** A ce moment, le client va opposer plus de résistance à votre index. Assurez vous qu'il fait cela en poussant sa tête contre le doigt depuis l'arrière. Ceci est crucial, car cela va lui donner l'impression de perdre l'équilibre lorsque vous allez lâcher. Il va naturellement laisser tomber sa tête vers l'avant quand vous retirerez votre doigt ! **Dans un moment, je vais compter de 1 à 3... et au compte de 3, vous serez en état d'hypnose profond... un... deux... trois...**

Au compte de trois, laissez tomber le doigt et donnez une petite poussée sur le cou du client par l'arrière tandis que vous attrapez le front du client avec l'autre main à l'avant. A ce moment dites **Dors** ! Puis immédiatement utilisez des suggestions de votre choix pour approfondir la transe.

Voici comment j'ai utilisé cette technique avec un client difficile :

Victor avait fait l'expérience de l'hypnose durant un spectacle et voulait la répliquer et apprendre l'auto-hypnose. Il était allé voir différents hypnothérapeutes, sans succès. Sur scène, on lui avait fait une induction appelée "induction d'ondulation d'avant en arrière". J'aurais pu l'utiliser, mais cela aurait été difficile à cause de notre différence de taille. Cependant, je lui dit que j'avais d'autres inductions qui pouvaient l'amener en transe profonde.

Je commençai avec l'induction d'Elman, mais après quelques minutes Victor dit : "Désolé, je ne suis pas en hypnose". Ce n'était pas bon signe, alors je lui dis d'ouvrir ses yeux et lui expliquai que j'avais une autre induction pour lui. Je fis l'induction rapide. Il fut en transe dès que je lâchai mon doigt. Je lui donnai la suggestion que lorsque j'utiliserais le mot "dors", il fermerait immédiatement les yeux et retournerait dans cet état. En utilisant le fractionnement, je lui fis ouvrir les yeux plusieurs fois, jusqu'à ce que je fus certaine qu'il était ancré. Je continuai la séance, pour lui apprendre l'auto-hypnose. Lorsqu'il fut hors de transe, Victor exprima son émerveillement de ne pas avoir pu ouvrir les yeux durant la séance et était convaincu d'avoir expérimenté l'hypnose.

Ceci marche particulièrement bien sur les gens impatients comme Victor ou sur les individus qui sont analytiques. Cela ne leur donne pas de temps de penser et généralement, ils sont en hypnose tellement vite qu'ils sont trop surpris pour analyser la situation. Comme indiqué plus haut, il est important d'approfondir la transe immédiatement, sinon le client en sortira aussi vite qu'il y est entré.

Si vous désirez utiliser cette induction, il faut pratiquer d'abord pour coordonner les interactions du client avec le script. Ce n'est pas un script où le thérapeute peut rester assis et lire au client. Dans mes ateliers, les étudiants sont toujours admiratifs de la façon dont ça marche et une fois qu'ils l'ont apprise et maîtrisée, ils ne veulent pas revenir en arrière aux inductions longues.

Compte raccourci

Une autre induction spontanée implique de faire quelque chose d'inattendu :

Je veux que vous regardiez mon doigt et tandis que vous le regardez, je veux que vous comptiez de 1 à 5... Lorque le client arrive seulement à 3 ou 4, laissez le client regarder encore le doigt et baissez l'autre main rapidement derrière sa tête et dites **Dors** ! d'une voix ferme et poussez le doucement vers l'avant ou sur le côté.

Encore, continuez immédiatement avec un approfondisseur de

votre choix. Et encore, vous devrez pratiquer cette technique avant de l'essayer sur un client.

Avec une induction spontanée, si la transe n'est pas atteinte comme voulu, on peut passer à l'induction d'Elman et le client ne s'en apercevra pas.

Emotions bloquées

Parfois les clients entrent en transe, mais ne peuvent quand même pas régresser ou lâcher prise de leurs émotions. Dans notre société, nous avons appris à les retenir et certains clients ont appris cela trop bien. Souvent les personnes viennent à moi avec un problème et ont vu toutes sortes de thérapeutes mais leurs émotions sont restées bien enfermées, impossibles à ramener à la surface pour y travailler.

Le pont affectif

Le moyen le plus facile pour régresser un client bloqué dans son présent ou dans une vie passée est le pont affectif. Par ce moyen, l'individu parle de son problème durant l'interview initiale et les émotions remontent à la surface pendant qu'il en parle. Un état émotionnel est déjà un état hypnotique, donc pas besoin d'induction formelle. Personne ne sera désireux de retourner vers un évènement où il a expérimenté de la douleur, c'est pourquoi le thérapeute devra être ferme au moment de régresser le client. Demandez-lui de fermer les yeux et de vous raconter l'histoire au temps présent, tandis que vous le guidez à travers les évènements. Vous pouvez également demander au client d'aller à la partie la pire de l'évènement pour faire émerger les émotions bloquées. Ensuite vous devrez lui demander de retourner au moment où il a expérimenté cette émotion pour la première fois.

Le script suivant est utile pour conduire un client dans la vie courante ou une vie passée lorsqu'il n'y a pas de sentiments qui émergent durant l'entretien. Après une induction courte, dites :

Vous êtes à présent dans un état d'hypnose profond... si profond que vous devenez bien plus conscient de quelque sensation... ou sentiments... parce que vous êtes dans cet état profond d'hypnose, vous pouvez devenir conscient de ces sentiments... Peut-être devenir conscient de certaines émotions... et sensations dans le corps... juste en mettant votre attention dessus... Devenez conscient des mains... peut-être une main est plus chaude que l'autre... ou une main est plus froide que l'autre... et cette sensation vous permet d'aller plus profond... et tandis que vous allez plus profond... chaque pensée vous emmène plus profond... et plus connecté à vos sentiments... chaque battement de votre coeur vous emmène plus profond... et parce que vous êtes si connecté... vous devenez conscient de ce sentiment ou cette sensation qui vous a conduit ici aujourd'hui... parce que vous êtes si profondément en hypnose, vous devenez conscient de cela maintenant... très clairement, dans le corps... elle devient plus forte avec chaque respiration que vous prenez... et vous êtes maintenant capable de sentir cette émotion ou cette sensation dans le corps.

Dites-moi maintenant où, dans le corps, se trouve ce sentiment ? Laissez du temps au client pour répondre. Cela peut être dans la poitrine, le ventre, les jambes etc. **Concentrez vous sur ce sentiment dans votre ____... et dans un moment je vais compter de un à cinq... et au compte de cinq, vous serez au moment où vous avez expérimenté cela pour la première fois dans votre vie courante... ou dans une vie passée... ... le sentiment dans**

votre ____ devient de plus en plus fort... 2... ce sentiment dans votre ____ est de plus en plus présent et vous conduit au moment où vous l'avez expérimenté pour la première fois... 3... vous pouvez déjà voir des images de votre vie courante ou d'une vie passée... 4... la sensation dans votre ____ devient de plus en plus forte... 5... vous y êtes, maintenant ! Vous pouvez aussi appuyer sur l'endroit où le client ressent les émotions pour attirer leur attention dessus, tandis que vous comptez.

Voici un exemple d'utilisation du pont affectif avec une cliente :

Marie me consulta initialement pour une peur de conduire inexplicable. Elle avait obtenu son permis de conduire depuis plus de 20 ans, mais était incapable de conduire une voiture à cause du stress que cela lui causait. Son mari lui avait acheté un 4x4 mais elle était trop angoissée pour le conduire et l'avait utilisé seulement deux fois pour rendre visite à ses parents. Avant chaque trajet, elle n'arrivait pas à dormir et était nerveuse pendant une semaine. Je lui demandai comment elle se sentait quand elle conduisait une voiture. Elle ne put me donner une réponse, repoussant les souvenirs émotionnels plus loin.

Mais après que j'eus utilisé le script ci-dessus, elle répondit : "Je ne peux pas bouger mes jambes, c'est comme si elles étaient anesthésiées... Je suis sur une table d'opération... oh, mon Dieu ! Ils écartent mes jambes... je n'ai que quatre ans... Je hurle et l'infirmière maintient mes jambes écartées... ils me font vraiment mal... ils doivent insérer quelque chose... c'est très douloureux... (pleurant) je ne peux pas me contrôler... Je ne peux pas contrôler mes jambes".

Marie avait voyagé en voiture depuis son village qui se trouvait à 150 km de l'hôpital. Elle devait voir un médecin qui lui fit une petite opération chirurgicale à plusieurs reprises quand elle avait seulement quatre ans. Chaque fois, c'était la même procédure chirurgicale pénible et douloureuse et à chaque fois, elle était terrorisée pendant le trajet en voiture avec ses parents. Personne ne prit la peine d'expliquer à la petite fille de quatre ans pourquoi elle devait subir cette chirurgie. Une fois que la cause à l'origine de son problème fut découverte, elle retrouva la circulation de l'énergie dans ses jambes et fut en mesure de conduire sa voiture sans aucune peur.

Ce type de pont vers une régression marche bien même si le client a des émotions réprimées et ne sait pas consciemment où "l'émotion" se trouve. J'avais initialement demandé à Marie durant l'entretien où elle sentait l'émotion et elle avait dit que la peur était partout. Elle avait donné un indice quand elle avait dit qu'elle ne comprenait pas comment les gens qui conduisaient une voiture pouvaient garder le contrôle de leurs jambes. J'avais noté, mais avais manqué l'importance de ce détail. Cela prit tout son sens après que la régression ait eu lieu.

Confrontation avec un personnage de la vie courante

Comme mentionné auparavant, quelques personnes sont vraiment douées pour réprimer leurs émotions et ceci est d'habitude un mécanisme de défense. La technique suivante est une variation de pont affectif. Elle utilise la "confrontation" entre le client et un personnage de sa vie courante comme début de la régression.

Le thérapeute doit être très attentif lorsque le client explique son histoire, car des indices sont souvent donnés sur les personnes qui sont impliquées dans un conflit. Ces indices peuvent devenir très utiles. Un des indices pourrait être qu'il refuse de parler de l'agresseur, comme c'est souvent le cas avec les abus sexuels. En

Travailler avec des clients difficiles

le confrontant à l'agresseur au début de la séance, vous intensifiez les émotions dans un crescendo et vous les utilisez pour jeter un pont vers une vie passée ou un évènement de la vie courante. Voici un exemple où cette technique a bien marché :

Isabelle avait été abusée sexuellement par son grand-père et avait travaillé sur cela avec une psychothérapeute. C'était une femme jeune, très douce dans son approche et sa manière de parler, se faisant à peine remarquer. Elle me relata les éléments de l'abus et de son manque de confiance. Elle travaillait avec des adolescents en difficulté, en particulier ceux qui faisaient preuvent d'agressivité. Elle était incapable de s'en occuper et désirait faire preuve de plus d'assurance.

Tandis que nous progressions, elle entra en transe mais fut incapable d'accéder à des souvenirs du passé. Rien n'émergea – tout était noir avec aucune émotion apparente. Lorsque cela arrive avec des clients, c'est souvent à cause de la peur de retrouver les souvenirs, ou à cause de la croyance que la pensée qui a surgi est sans importance.

Comme elle avait été abusée sexuellement, je lui demandai durant l'entretien de qui il s'agissait. Elle eut une hésitation en prononçant le nom et la relation qu'elle avait avec l'agresseur, son grand-père.

Je suggérai qu'elle crée un endroit sécurisé où elle pourrait le rencontrer intuitivement et ouvrir un dialogue. Je lui demandai d'imaginer un plexiglas épais et incassable, placé tout autour d'elle pour sa sécurité. Avant même que nous fûmes en mesure de commencer le dialogue, elle se mit à trembler et sangloter, alors, j'utilisai cela pour la conduire à la source. Elle retourna dans une vie passée où elle avait été violée. Une fois que ceci fut éclairci, elle retourna dans sa vie courante en tant qu'enfant et nous travaillâmes sur l'épisode d'abus sexuel. A l'évidence, une séance ne suffisait pas, nous eûmes plusieurs séances, chacune pour libérer une nouvelle couche, jusqu'à ce qu'elle fût capable de se tenir devant son grand-père dans son endroit sécurisé et de le confronter au sujet du passé. Ceci lui donna les outils dont elle avait besoin pour gérer les adolescents agressifs au travail.

Dans ce cas particulier, la cliente avait besoin de beaucoup d'aide pour confronter l'agresseur et libérer ses émotions. Isabelle ne voulait pas parler de l'abus, car elle pensait qu'elle avait déjà travaillé sur ce sujet avec sa psychothérapeute. Elle ne voyait pas le lien entre l'abus et son manque de confiance. C'est pourquoi, je n'ai pas voulu explorer tout de suite l'abus qu'elle avait subi dans la vie courante, mais ai plutôt utilisé la confrontation avec son grand-père pour aller à la source du problème dans une vie passée. C'est un bon moyen d'attirer à la surface une émotion qui est profondément enfouie.

Ce que l'émotion nous dit

Il y a un autre moyen de travailler avec les émotions bloquées. Pour aider à les libérer, il est utile pour le thérapeute de comprendre la pensée associée à l'émotion. Par exemple, la tristesse est une émotion ressentie par quelqu'un qui perd quelque chose, ainsi, si un client ressent de la tristesse dans sa poitrine et ne peut pas aller plus loin, je vais demander : "Qu'avez-vous perdu ?". La question doit être répétée plusieurs fois et eventuellement, le client va connecter l'émotion à l'évènement. Par exemple :

> Suzanna vint me voir pour une tristesse profonde qu'elle contenait dans sa poitrine. Elle mentionna aussi qu'elle avait de l'asthme depuis la fin de son adolescence. Quand je lui demandai les raisons de la tristesse, elle répondit simplement que si elle savait elle ne serait pas ici. Elle semblait très détachée de ses émotions. Nous commençâmes la régression et

elle se concentra sur les sentiments qu'elle retenait dans sa poitrine. J'essayai un pont physique, mais elle commença a avoir des sentiments de frustration tandis que le sentiment dans sa poitrine s'intensifiait, mais rien ne se passait pour indiquer d'où la tristesse venait.

Je répétai plusieurs fois de la manière la plus empathique possible : "Concentrez-vous sur votre tristesse et dites-moi ce que vous avez perdu." Elle éclata en larmes et fut ramenée instantanément dans une vie passée où elle avait été forcée à abandonner son bébé. Nous travaillâmes sur cet évènement, en nettoyâmes tous les aspects et fîmes le lien avec l'évènement dans sa vie courante où la tristesse avait commencé. Ses parents l'avaient forcée à avorter car elle était trop jeune pour prendre soin du bébé. Son asthme avait commencé très vite après l'avortement et elle n'avait pas réalisé la connection entre les deux. C'était la façon de son corps de lui rappeler la tristesse irrésolue de la perte du bébé dans la vie courante et la vie passée. Après plusieurs mois, elle me fit part du fait que l'asthme avait complètement disparu après les séances.

D'après mon expérience tout problème relié aux poumons ou à la zone de la poitrine (chakra du coeur) est probablement lié à la tristesse, qui à son tour a des chances de provenir d'une forme de perte – par exemple d'un être aimé ou même d'une perte d'estime pour soi-même. Cependant, l'asthme par exemple, n'est pas toujours lié à une perte, c'est pourquoi il est important de ne pas assumer des réponses et de laisser votre client trouver ses propres solutions.

Vous trouverez ci-dessous des suggestions pour utiliser cette technique avec trois des émotions négatives les plus fréquemment rencontrées :

- *La colère* affecte généralement le foie et la vésicule biliaire, le système musculaires et le système immunitaire. Elle peut aussi apparaître sous forme de maux de tête ou de poings serrés. Habituellement, c'est une réponse à quelque chose qui était ou est injuste et que la personne n'a pas pu gérer. Dans ce cas la question clé est : **Qu'est-ce qui est injuste ?**

- *La peur* affecte généralement les reins, la vessie, le système nerveux central, le système reproductif et le système endocrinien. Habituellement, c'est une réponse au fait de ne pas se sentir en sécurité. La question clé à poser serait : **Qu'est-ce qui est dangereux ?**

- *La tristesse et le chagrin* créent généralement des peines de coeur ou de la dépression et affectent les poumons et le gros intestin. Ces émotions indiquent une perte de quelque chose ou de quelqu'un. La question clé est : **Qui ou qu'est-ce que vous avez perdu ?**

Régression avec les yeux ouverts

La plupart des thérapeutes en régression ont un client qui a des difficultés à entrer en transe ou dans une vie passée, malgré tous les efforts des deux personnes. Quelques fois, les régressions les plus difficiles sont celles où quelqu'un veut simplement aller dans une vie passée par curiosité. Voici un exemple :

Philippe voulait faire une régression dans une vie passée parce que sa femme le lui avait recommandé. Ils avaient eu plusieurs problèmes dans leur relation et elle pensait que cela l'aiderait. Philippe n'avait jamais fait de thérapie auparavant.

Quand je l'interrogeai sur sa motivation, il dit simplement qu'il "voulait savoir de quoi il s'agissait". Il n'était pas franc et rendit difficile la collecte d'informations. Cependant, je m'arrangeai pour établir une intention sous-jacente – trouver ce qui ne marchait pas dans son mariage.

Alors que j'essayais de le guider dans une vie passée, je ne fut pas surprise lorsqu'il s'arrêta et me demanda s'il devait décrire les chaussures qu'il portait, ou celles qu'il imaginait qu'il porterait. Il avait d'énormes difficultés pour entrer dans la vie passée, alors, je lui demandai d'ouvrir les yeux et de me décrire son expérience. De nombreuses informations surgirent de la vie passée, et pourtant, à chaque fois qu'il fermait les yeux le flux d'informaitons devenait très lent, pratiquement inexistant. Je décidai de le laisser faire l'expérience de la vie passée avec les yeux ouverts et lui donnai la suggestion suivante :

"Permettez à votre mental conscient d'être l'observateur, comme si vous étiez en train de vous regarder. A la fin de la séance, nous demanderons au mental conscient de nous raconter tout ce qu'il a observé. Laissez votre inconscient vivre complètement l'expérience avec les yeux ouverts."

Il fut en mesure de faire une très belle expérience et une histoire de vie passée émergea qui lui fut utile. Bien qu'au début il ait eu les yeux ouverts, il les ferma bientôt et les ouvrait brièvement juste pour "chercher l'inspiration".

C'est toujours une option lorsque vous avez un client qui n'a jamais fait l'expérience d'une vie passée et a des difficultés. D'une certaine manière les clients se sentent moins contenus et l'information vient plus facilement. Dîtes-leur que c'est d'accord pour "inventer" une histoire, si rien ne semble venir. Cela aura du sens plus tard.

Résumé

Quelque soient les problèmes que vous rencontrez avec des soi-disants clients difficiles, je vous suggère que vous demandiez toujours de l'aide intuitive de votre guide spirituel et du guide du client. Bien qu'il y ait une multitude de problèmes que vous pouvez rencontrer, je crois de tout mon coeur qu'il y a une solution pour chacun d'eux. Cependant, la solution n'est pas toujours celle que vous imaginez, donc soyez ouvert autant que possible et laissez votre intuition vous guider vers la solution.

A PROPOS DE L'AUTEUR

Tatjana Radovanovic Küchler CI, BCH, Dip RT

Tatjana est thérapeute en régression et travaille à Genève, Suisse, en français et en anglais. Elle est également membre de la *National Guild of Hypnotists* et enseignante en hypnose. De plus, elle est praticienne en Ultra Depth®, Maître en Reiki et Technique de libération émotionnelle (EFT). Pour plus d'information visitez ses sites internet : *www.reincarnation.ch*, *www.tara-hypnotherapy.ch*, and *www.tara-hypnosiscenter.com*.

6

Utiliser les cristaux en thérapie de régression

Christine McBride

Le monde physique, le monde des objets et de la matière est fait d'information contenue dans de l'énergie vibrant à différentes fréquences. La raison pour laquelle nous ne voyons pas le monde comme un immense réseau d'énergie est qu'il vibre trop rapidement. Nos sens, parce qu'ils fonctionnent si lentement, ne sont capables d'enregistrer que des portions de cette énergie et activité, et, ces amas d'information deviennent "la chaise", "mon corps", "l'eau", et tous les autres objets physiques de l'univers.

Deepak Chopra

Introduction

Mon introduction au travail avec les cristaux a démarré il y a presque vingt ans quand mon partenaire et moi possédions et gérions une boutique "Mental, Corps et Esprit" où nous offrions un large choix de cristaux. Durant les sept ans où j'ai travaillé dans la boutique, j'étais occupée à conseiller nos clients sur les cristaux. Motivée par les besoins et intérêts des clients, et inspirée par les cristaux eux-mêmes, je me suis plongée dans leur apprentissage autant que j'ai pu, que ce soit au moyen de livres, d'ateliers et de mon expérience personnelle.

Dans les années plus récentes, après avoir obtenu le diplôme de thérapeute en régression, j'ai commencé à incorporer différentes techniques à base de cristaux dans mon travail avec les clients en régression et j'ai été ravie de partager ces techniques avec mes collègues lors d'une réunion annuelle. Le retour positif que j'en ai eu m'a encouragé à développer de nouvelles techniques que j'expose ici par écrit pour la première fois. Je vais présenter des techniques de cristaux qui aident le thérapeute de manière générale et aussi, le client avant, pendant et après une séance de régression. Mais ces techniques peuvent être également appliquées à d'autres formes de thérapie.

Mais avant de commencer, je voudrais exprimer ma gratitude aux êtres divins qui m'ont énormément aidée en me fournissant la plupart des informations sur les techniques de cristaux que je présente ici. Je voudrais aussi remercier Simon et Sue Lilly, les enseignants de cristaux les plus influents que j'ai rencontrés.[1,2] La méthode de Nettoyage de Chakra que je décris plus loin est inspirée de leurs travaux.

Pour comprendre pleinement la valeur qu'il y a à travailler avec des cristaux de façon thérapeutique, il est important de considérer que *tout est information contenue dans une énergie vibrant à des fréquences différentes*. Et puisque les cristaux vibrent à des fréquences précises, ils peuvent fonctionner avec, être impactés par et transmettre une multitude d'énergies spécifiques suivant le cristal ou la combinaison de cristaux concernés. A cause de leur structure en treillage cristallin, les cristaux peuvent très bien retenir ou émettre une vibration forte et stable.

Préparation avant l'arrivée du client

Créez un espace personnel de lumière, propre et libre de toute influence négative. Ceci inclut vos corps physique et subtil, ainsi que la pièce que vous allez utiliser.

Elever la vibration du thérapeute

Des bains réguliers avec des sels, de la respiration pronde, de l'air frais, de la lumière du jour et de la gratitude pour la beauté et les cadeaux de Mère Nature aident tous à élever votre vibration. Particulièrement :

1. **Respirez.** En respirant profondément et en permettant à l'abdomen de se soulever et de descendre avec chaque respiration, nous élevons notre niveau de vibration. Ceci est particulièrement vrai lorsqu'on est dans la nature et que nous respirons de l'air frais et propre.
2. **Hydratez-vous.** L'eau est un excellent conducteur d'énergie et d'information. Si vous souhaitez avoir une bonne circulation d'énergie et d'information dans votre corps énergétique, vous devez être bien hydraté – la plupart d'entre nous ne le sont pas !
3. **Détendez-vous.** Un esprit et un corps relaxés vous permettent d'opérer à un niveau optimal.
4. **Reposez-vous.** Assurez vous que vous êtes bien reposé et n'avez pas à vous presser.
5. **Moment des repas.** N'ayez pas faim, ni ne soyez somnolent à cause d'un repas lourd.

6. **Nettoyez-vous.** Nettoyez votre corps physique, vos vêtements et votre environnement.

7. **Enracinez-vous et centrez-vous.** Visualisez un enracinement fort, par exemple imaginez des racines ou des cordes de lumière solides qui partent des plantes de vos pieds et vont jusqu'au centre de la Terre. Sur chaque expiration, concentrez-vous sur le renforcement du flux de lumière de vos pieds vers le centre de la Terre, stable et sûr. Sur chaque inspiration, concentrez-vous sur le renforcement du flux de lumière qui monte de la Terre vers la plante de vos pieds – sentez-vous soutenu par la Terre. Pour changer, vous pouvez utiliser des cristaux et/ou les *Tapotements entrants* et la *Connection de Cook* décrites ci-dessous..

Tapotements entrants

Cette technique est l'une des meilleures pour centrer et stabiliser ses énergies personnelles. Elle peut être pratiquée tous les jours, plusieurs fois par jour, jusqu'à ce qu'elle devienne une seconde nature. Elle équilibre tous les méridiens énergétiques majeurs du corps pour environ 20 minutes et, est l'une des techniques les plus simples et les plus efficaces pour s'assurer du maintien d'un champ énergétique stable, fort et centré. Ceci protège naturellement d'énergies discordantes et réduit les risques d'absorber des énergies négatives de votre client. C'est également une technique très utile à appliquer sur soi ou les autres quand il y a de la frustration, de la nervosité ou en cas de chocs soudains.

La procédure la plus simple est un tapotement ferme, léger du bout des doigts sur la partie située sur le haut de la poitrine à l'intersection entre les clavicules et le sternum. C'est l'endroit approximatif du thymus, qui est important pour le maintien de l'équilibre des énergies subtiles dans le corps. L'effet d'équilibre dure plus longtemps si votre autre main est placée paume ouverte face au nombril. Répétez 20 fois.

La connexion de Cook

Il y a une technique utile dérivée de la kinésiologie qui vous aidera autant à vous ancrer qu'à vous centrer lorsque vos énergies sont éparpillées. Parce qu'il intègre le côté gauche et le côté droit du cerveau, cet exercice réduit le confusion et le manque de coordination, et, diminue le stress et les contrariétés. C'est mieux de réaliser cet exercice assis dans une chaise (notez que si vous êtes gaucher, il faut inverser toutes les procédures) :

1. Croisez vos chevilles, la droite dessus la gauche.

2. Croisez vos poignets en face de vous, le droit sur le gauche. Maintenant tournez vos mains de façon à ce que les paumes soient face à face et croisez vos doigts. Finalement, laissez vos mains reposer sur vos cuisses.

3. Détendez-vous, fermez vos yeux et respirez doucement. Alors que vous calmez, vos sentiments ou vos émotions peuvent sembler être plus intenses. Ceci fait partie du processus de libération du stress, donc, laissez simplement les sentiments venir. Ils vont se calmer.

4. Lorsque vous êtes calmé et de retour à l'équilibre, décroisez vos mains et vos chevilles.

5. Maintenant placez vos pieds à plat sur le sol. Laissez vos mains reposer sur vos cuisses, avec le bout des doigts en léger contact, comme si vous teniez une petite balle entre vos mains. Si vous conservez cette position pendant une demi-minute, les bénéfices vont durer plus longtemps.

Elever la vibration de la pièce

1. Assurez vous que la pièce, les coussins, les couvertures et les autres choses que vous utilisez sont propres et que la pièce est suffisamment chaude et que l'air est frais.

2. Pour nettoyer l'espace à des niveaux subtils, un moyen simple et très efficace est de poser une soucoupe de sel aux quatre coins de la pièce. Laissez les sur place durant la nuit et le jour suivant enlevez les soucoupes et jetez le sel de manière sécurisée. Le sel aura absorbé toutes les énergies subtiles négatives, lourdes ou toxiques, laissant la pièce plus légère et plus propre qu'avant.

3. Pour améliorer encore plus le niveau de vibration de la pièce vous pouvez avoir envie de la remplir d'une note claire et pure en marchant lentement tout autour et en faisant résonner une cloche tibétaine, des bols ou des cymbales, un carillon, un diapason ou votre propre voix. Soyez attentif aux coins de la pièce et à l'endroit où le client s'assoit d'habitude.

4. Posez un gros amas d'améthystes, de préférence d'une hauteur d'une vingtaine de centimètres, dessous et au milieu du divan où le client va se trouver durant la séance. Si vous utilisez un lit thérapeutique, vous pouvez poser l'améthyste sur un tabouret ou quelque chose de similaire pour la rapprocher du client. A chacun des quatre angles du divan, poser un cristal de quartz clair en position verticale. Ces pointes verticales (appelés ainsi car la partie opposée à la pointe naturelle a été coupée et polie pour lui permettre de tenir debout tout seul sur une surface plate) devrait avoir un minimum de hauteur de 6 centimètres, 12 centimètres étant idéal. Si vous n'avez pas quatre quartz verticaux, vous pouvez utiliser quatre morceaux de quartz clair, chacun posé à un coin du divan thérapeutique. Ensemble, ces cinq cristaux vont créer une

grille de lumière vibratoire élevée qui va apporter un certain nombre de bénéfices. Le premier est que le client se sent inconsciemment en sécurité "tenu" par cette structure énergétique qui a été créée. Cela lui permet de "lâcher prise" plus facilement et de se détendre plus profondément. Deuxièmement, le niveau vibratoire à l'intérieur et autour du client est plus élevé qu'habituellement. Ceci rend le processus de communication plus facile, en quelque sorte analogue à une mise à jour de ses connections "haut débit". Cela va aider le thérapeute à être plus intuitif et sensible au processus et, va aider le client à accéder à des mémoires inconscientes et à des conseils de niveau plus élevé que le mental. Si vous le désirez, quatre pointes de quartz supplémentaires peuvent être placés dans les coins de la chambre.

Se préparer pour le client

1. Installez-vous confortablement et invitez vos guides et gardiens, et toute autre aide que vous désirez faire venir des dimensions spirituelles qui pourront être bénéfiques pour vous et votre client.

2. Tournez votre attention vers le client qui doit arriver. Maintenez son nom dans votre mental sans vous rappeler des souvenirs précédents, des expériences, des anticipations ou des jugements que vous pourriez avoir à son propos. Détendez-vous, tandis que votre mental "porte" le nom du client, comme s'il portait un objet très précieux et délicat. Lorsque vous sentez ou savez que vous êtes prêt (ou simplement après deux ou trois minutes), procédez comme suit :

3. Prenez un moment pour harmoniser avec votre propre ressenti de "Tout Ce Qui Est", le Divin, Dieu ou le nom que vous

utilisez. Dédiez-vous et tout ce que vous faites avec vos cristaux aux Bien Le Plus Elevé.

Techniques de cristaux pour la séance de thérapie

Les différents protocoles pour cristaux décrits ci-après marchent très bien, que le client ou le thérapeute soient conscients ou non des changements énergétiques qui ont lieu.

Calmer le client durant l'entretien

Lorsque le client arrive, s'il est nerveux, on peut lui donner un morceau de quartz rose à tenir. Cependant, certains clients peuvent se sentir mal à l'aise avec cette expérience inhabituelle, auquel cas il suffira d'avoir un quartz rose posé sur une table proche de lui. De cette façon, il recevra les bénéfices apaisants de quartz rose de manière discrète. La dimension appropriée pour un quartz rose de table sera à peu près de la taille d'un pamplemousse.

Relaxation initiale

Lorsque le client est prêt sur le divan, un bon préliminaire est de lui faire prendre quelques respirations. Doucement, suggérez que celles-ci deviennent de plus en plus profondes. Vous pouvez dire :

Maintenant, prenez une inspiration... et avec votre prochaine respiration, vous pouvez remarquer que votre poitrine se soulève et retombe sans effort... et avec votre prochaine respiration, vous pouvez remarquer que votre

diaphragme se soulève et s'abaisse... avec chaque respiration vous pouvez lâcher prise plus profondément... de plus en plus profond... vous pouvez remarquer que votre abdomen se soulève et retombe doucement... et se sent bien.

Enracinement

Dans le cas où le client est trop concentré sur ses pensées rationnelles, placez une pointe de quartz fumé (approximativement 3 centimètres de hauteur), dirigée à l'opposé du corps – un sous chaque pied. Pour améliorer cet effet enracinant, une autre pointe de quartz fumé peut être placé au chakra de base du client (si vous avez la permission), dirigée vers les pieds.

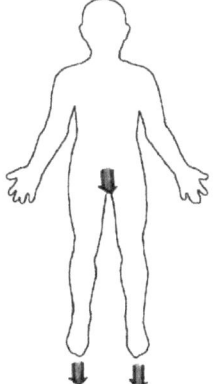

Ces quartz fumés peuvent être déplacés plus tard dans la séance, si on doit faire du travail corporel ou si le client va trop profond. Par exemple, si pendant la régression, le client prend trop de temps pour répondre à une question, retirer les cristaux permettra naturellement et facilement de les faire revenir à un niveau de transe plus légère.

Nettoyage des chakras

Cette méthode peut être utilisée pour quelques-uns ou tous les chakras – base, sacré, plexus solaire, coeur, gorge, troisième oeil, couronne :

1. Tenez un pendule en quartz clair et prenez un moment pour vous connecter à lui, comme un cadeau de la Terre – comme

si vous vous reconnectiez à une vieille amie qui est prête, capable et désireuse de vous aider.

2. Dédiez l'utilisation du pendule au "Bien Le Plus Elevé de tous ceux qui sont concernés" ou à "La Gloire de Dieu".

3. Définissez votre intention clairement comme suit (vous pouvez dire cela à voix haute ou intérieurement, ce que vous pensez être le plus approprié pour le client présent) : "Esprit Divin, notre intention est d'ouvrir, transformer et relâcher tout ce qui cause le blocage ou le déséquilibre pour le ____ (chakra spécifique) de ____ (nom du client), qui pourrait être rétabli rapidement et en toute sécurité aujourd'hui".

4. Tenez le pendule à environ 3 centimètres au dessus du chakra concerné et laissez le bouger librement. Quand il devient immobile, le travail est terminé.

5. Répétez le processus décrit au point 4 pour chaque chakra.

Pour un processus plus concentré et plus puissant, faire une recherche ou déterminer quel niveau d'énergie est le plus dysfonctionnel, par exemple le niveau éthérique ou émotionnel ou mental ou spirituel. Puis répétez la méthode comme suit : "Le pendule va bouger comme requis pour dénouer, transformer et libérer ce qui cause le blocage ou le déséquilibre dans ____ (le chakra concerné) de ____ (le nom du client) au ____ (niveau spécifique), qui peut être rétabli rapidement et en toute sécurité maintenant". Vous pouvez aussi ajuster la hauteur à laquelle vous tenez le pendule au dessus du chakra pour qu'il soit au niveau spécifique de l'aura.

Cette méthode devrait nettoyer les formes-pensées vibrationnellement basses, les entités désincarnées ainsi que d'autres attachements énergétiques comme l'énergie émotionnelle du client bloquée et contractée. C'est un processus naturel et automatique qui se développe comme conséquence d'un flux fort de lumière claire créée par le pendule de cristal en mouvement. Cette énergie vibratoire élevée à flux rapide peut déloger des entités désincarnées qui sont alors naturellement attirées vers la dimension de lumière qui résonne avec leur niveau de développement. Par ailleurs, en ce qui concerne l'énergie émotionnelle congestionnée et les formes-pensées de vibration basse, la lumière élève leur niveau de vibration de plus en plus jusqu'à ce qu'elles soient transformées.

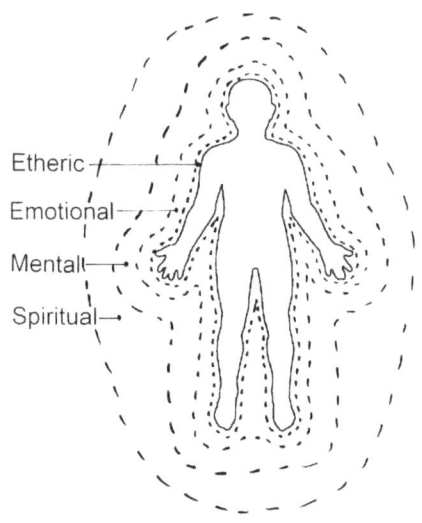

Scanner avec un pendule

En tant que thérapeute vous pouvez avoir l'habitude de scanner le champ énergétique d'un client au début de la séance. Le Nettoyage de Chakra décrit ci-dessus peut être simplifié pour vous permettre de faire un scan rapide au moyen d'un pendule. Ceci peut produire des résultats plus clairs qu'avec les mains seules :

1. Tenez un pendule en quartz clair et prenez un moment pour

vous connecter à lui, en tant que cadeau de la Terre – comme si vous vous reconnectiez à une vieille amie qui est prête, capable et désireuse de vous aider.

2. Dédiez l'utilisation du pendule au "Bien le Plus Elevé de tous ceux concernés" ou à "La Gloire de Dieu".

3. Définissez clairement l'intention que le pendule bouge différemment de son mouvement habituel lorsqu'il rencontrera... (ce que vous recherchez).

4. Tenez le pendule à peu près à 3 centimètres au dessus du client et laissez le commencer à bouger seul. Commencez aux pieds et progressivement remontez le long d'une ligne jusqu'à la couronne de la tête du client.

Un collègue thérapeute à qui j'ai enseigné l'utilisation du pendule de cristal est l'auteur et thérapeute Ian Lawton, et, il raconte quelques expériences intéressantes avec des clients :

Avant chaque séance de régression, je m'enracine en utilisant les tapotements entrants et la connexion de Cook, puis je nettoie énergétiquement mon cristal et me connecte à lui. Je pense que c'est très, très important, même si ça ne prend que quelques minutes, parce que la clarté de notre intention est cruciale dans ce genre de travail intuitif. J'utilise régulièrement un scan très simplifié avec le cristal pour commencer une séance de régression, mais cette préparation signifie que le cristal est également disponible comme pendule pour me permettre de vérifier les réponses en signaux idéo-moteurs oui/non du client, ou n'importe quoi d'autre que je veux vérifier pendant la séance.

Ainsi, sauf si un client va directement dans une vie passée grâce à un pont affectif, mental ou physique, lorsque c'est le moment de l'induction, je lui dis que je vais juste faire un petit peu d'équilibrage énergétique et je définis une intention

Utilisation des cristaux en thérapie de régression

comme indiqué dans les instructions de Christine, habituellement à voix haute pour qu'il soit au courant de ce qui se passe. Pour ce scan simplifié, je traite tous les corps énergétiques comme un seul, et je peux faire un seul passage le long de la ligne centrale du corps du client, bien que, si le cristal bouge beaucoup pendant ce passage, je ferai alors deux autres passages, un de chaque côté du corps.

En ce qui me concerne, le cristal a un mouvement de balancement tout le long de la ligne, mais bouge plus vigoureusement aux endroits de cette ligne lorsqu'il fait un travail d'équilibrage ou de nettoyage. Je suis toujours fasciné lorsqu'il commence à bouger tellement fort que je peux sentir les délicats chaînons qui frottent fort l'un contre l'autre, et le pendule oscille vigoureusement jusqu'à une position quasi horizontale. Ma confiance dans le processus est également renforcée, car cela commence toujours par un léger balancement dès qu'il approche des pieds du client et s'arrête complètement après avoir dépassé sa tête.

Mais il y a des exceptions. Avec un client qui avait des problèmes de chevilles – qui se sont révélés être en rapport avec une vie passée de prisonnier, où ses pieds étaient enchaînés l'un à l'autre – il n'est peut-être pas surprenant que le cristal ait commencé à bouger très fort dès que je l'ai approché des pieds. En même temps, avec un autre client qui était très analytique, cette technique a été providentielle en ce que, dès que j'ai approché le cristal de la plante de ses pieds, il a pratiquement sauté hors du divan : "Qu'est ce qui ?... Qu'est-ce que ?..." s'est-il exclamé dans son fort accent français "On aurait dit que vous m'administriez un choc électrique !" Mais il dit qu'à partir de ce moment, il comprenait ce que nous voulions dire lorsque nous parlions d'"énergies". Il en avait eu une preuve et cela l'aida grandement à se détendre dans le processus hypnotique.

Plus généralement, je constate qu'utiliser mon cristal me permet de faire une évaluation relativement rapide de l'état d'équilibre des clients – bien que restreinte à leurs objectifs pour la séance, compte tenu de l'intention que je pose au préalable. Très occasionnellement, je vais passer toute la première séance à utiliser le cristal, particulièrement, s'il accomplit un gros travail et que je sens intuitivememnt que c'est ce qui est requis – et également, que le client ressent immédiatement des sensations bénéfiques.

Plus souvent, il s'agit de cinq minutes d'une vérification rapide pour voir où nous en sommes. Et cela aide également le client à se relaxer de toutes façons, car je laisse l'option de parler de ce que nous percevons/ressentons tandis que le cristal fait son travail, ou s'il veut laisser les yeux ouverts pour regarder les réactions du cristal. Pour information, personne jusqu'ici ne s'est connecté directement à une mémoire de vie courante ou vie passée à partir du scan fait par le cristal, mais il me semble intuitivement que cela pourrait se produire un jour ou l'autre.

En ce qui me concerne du moins, il s'agit d'un addition précieuse à ma boîte à outils thérapeutique, et nous sommes redevables à Christine pour nous avoir fait connaître ses merveilleuses techniques. C'est également le bon moment pour souligner, à titre général, qu'elle est une thérapeute extrêmement douée et intuitive, qui m'a également aidé personnellement à lever plusieurs blocages énergétiques.

Information de source élevée

Si vous désirer améliorer la connexion de votre client à des informations de "source élevée", vous pouvez utiliser trois morceaux d'aventurine verte. Disposez-en une près de chaque oreille et la troisième, juste au-dessus de la couronne de la tête.

Ceci est particulièrement utile si le client a été régressé dans la dimension spirituelle.

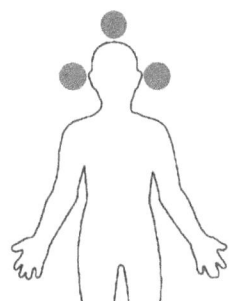 Vous avez peut-être lu dans un manuel sur les cristaux que des cristaux qui vibrent à une fréquence relativement élevée sont recommandés pour avoir accès à des informations de haut niveau, et bien sûr, vous êtes libre de les utiliser. Leur utilisation est possible si le client est dans un état paisible, mais nous devons envisager que durant une régression, ils pourraient se trouver dans un état émotionnel ou stressé. Donc, pour la thérapie de régression, je recommande l'aventurine verte pour son niveau vibratoire optimal.

Retour et centrage

A la fin de la régression, si les énergies du client semblent quelque peu éparpillées, fragmentées ou pas très centrées, c'est le bon moment pour poser un morceau d'aventurine verte sur son plexus solaire, et si besoin de repositionner les trois pointes de quartz fumé qui ont été utilisées pour l'enraciner (voir technique précédente). Si la séance à été particulièrement intense, poser alors un morceau ou une pointe de quartz dans la paume de chaque main (diriger la pointe vers les doigts). Attendez que le client se détende visiblement, peut-être avec un soupir profond, ou laissez juste cinq à dix minutes avant d'enlever les pierres.

Après avoir écrit ces nouveaux protocoles d'utilisation des cristaux, j'ai été intéressée d'en expérimenter les effets sur moi. Voici ce qui s'est passé lorsque j'ai utilisé le protocole de retour et centrage :

Je venais de régresser dans une vie passée où j'étais un

Commandant d'armée. Ma première perception fut l'odeur du champ de bataille et d'être entourée des corps morts de la plupart de mes hommes. A la fin de cette vie, je n'avais pas quitté mon corps physique au moment de la mort, car j'étais dévoué aux soldats sous mon commandement et ma loyauté exigeait que je ne les quitte jamais. Je fus guidé vers la dimension spirituelle et vers une résolution satisfaisante de ce dilemme concernant mes hommes, lesquels avaient fait pour la plupart une transition facile au moment de la mort et se demandaient où j'étais passé !

A la fin, après être revenue "ici et maintenant", je pensais me sentir à peu près normale. Par curiosité, je demandai à ma collègue de placer des cristaux dans une position de "retour et centrage" autour de moi. Alors que cet arrangement travaillait naturellement sur mon champ énergétique pour ramener équilibre et harmonie, je me rendis compte que j'étais en fait bien plus en expansion que d'habitude, et continuer à m'étendre plus avant, du côté de la main droite. Cela prit plusieurs minutes pour le cristal pour rectifier ce déséquilibre, rétablir la symétrie de mon aura et dans une taille idéale pour une activité quotidienne normale.

Durant les deux/trois minutes suivantes, le flux d'énergie dans mon canal central (le flux d'énergie parallèle à la colonne vertébrale qui connecte tous les chakras) devint centré dans mes chakras, car j'avais été considérablement "hors du corps". Après que ce "retour à mon centre" soit fait, la transformation dans mon aura se poursuivit avec la fermeture et l'équilibrage de mon chakra du plexus solaire, à tel point que le flux d'énergie dans mon canal central devint fort et vivant. En conséquence, je me sentis beaucoup plus solide et présente, et fus plutôt surprise de n'avoir pas perçu à la fin de la régression à quel point j'étais en déséquilibre.

Réconfort et lissage

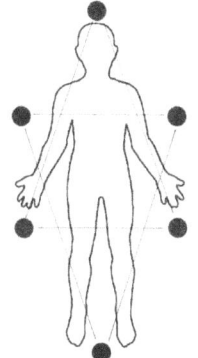

Après une séance de thérapie le flux d'énergie/lumière dans l'aura du client peut être déséquilibré ou perturbé. La disposition de cristaux suivante aura un effet d'équilibrage, de calme, de réconfort et de lissage sur le flux d'énergie et de "sceau" de l'aura.

Placez six morceaux d'améthyste en étoile à six branches autour du corps du client. Les pierres devraient être d'une dimension de 3 à 9 centimètres à distance du corps, avec une d'entre elle située à la couronne de la tête, une dessous les pieds, deux sur la partie droite du corps et deux à gauche, espacées de manière égale. Laissez les en place environ cinq minutes, ou aussi longtemps que vous l'estimez nécessaire.

Il est possible d'améliorer encore plus cet effet apaisant et lissant en remplaçant les améthystes avec six morceaux d'aventurine verte positionnés exactement de la même façon. Laissez les en place cinq minutes ou comme vous le sentez. Assurez-vous que votre client boit de l'eau après l'utilisation des cristaux car cela améliore la circulation d'énergie à tous les niveaux. Voici un exemple de comment ces deux derniers protocoles ont fonctionné sur un client en régression :

> Robert avait été régressé dans une vie passée de tristesse et de regrets en tant que femme exploitée vivant une vie de servitude. Tout de suite après la régression, je lui demandai comment il se sentait et il répondit qu'il se sentait bien. Cependant, je sais d'expérience que les clients sont souvent plus déséquilibrés qu'ils ne réalisent. J'utilisai le protocole de "retour et centrage", et laissai les cristaux en place durant cinq minutes. Je remarquai que le flux de lumière dans son canal central était devenu plus brillant et plus fort. Lorsque je lui

demandai comment il se sentait à présent, il répondit : "Je me sens de retour dans mon espace, pas autant grand ouvert. Je me sens enraciné".

Je plaçai les cristaux autour de lui pour un moment de "réconfort et lissage" pour encore cinq minutes. Il fut conscient de la sensation d'énergie circulant en aller-retour sur son côté gauche et ensuite, il dit qu'il se sentait "super bien" avec un grand sourire sur le visage.

Entretien final

Il est utile d'utiliser un cristal de quartz clair (une pointe naturelle est préférable à un morceau de roche) pour assister le client à intégrer toutes les compréhensions positives acquises durant la régression. Pour cette méthode, il est particulièrement important que le cristal soit soigneusement nettoyé avant usage. Puis, procéder comme suit :

1. Récapituler les "cadeaux", compréhensions ou leçons reçues par le client durant la régression et les souhaits à intégrer plus profondément. Pour être que sûr que ceux-ci sont formulés clairement et brièvement à la satisfaction du client et la votre, donnez les instructions suivantes :

2. **Tenez le cristal dans votre main droite et placez le sur le centre de votre coeur. De quelque manière que ce soit, imaginez ou ayez l'intention que le cristal et le centre de votre coeur ne fassent qu'un.**

3. **Faites attention à votre mental et souvenez vous du premier "cadeau".** (Cela pourrait être "je peux respirer libremement maintenant".)

4. **Imaginez-vous envoyer cette information de votre mental à votre bras droit et jusque dans le cristal. L'information**

et ainsi téléchargée dans le cristal pour utilisation ultérieure. **Le flux d'énergie peut alors continuer naturellement dans la même direction, circulant le long de votre bras gauche et de retour à votre tête, bouclant ainsi ce circuit d'énergie pendant plusieurs minutes.**

5. **Avec chaque inspiration, ressentez du fond du coeur gratitude et appréciation, et, imaginez que l'information téléchargée dans le cristal a été intégrée profondément en lui.**

6. Répétez le étapes 3, 4 et 5 pour les autres cadeaux.

Le client peut alors emener le cristal chez lui et avoir pour instructions de l'utiliser de plusieurs façons (il peut être utile d'écrire cela pour lui) :

1. Dormir avec le cristal placé sous l'oreiller (bien qu'il faille être attentif au fait que, sauf si le cristal est vraiment petit, cela peut s'avérer trop énergisant pour une nuit de sommeil paisible).

2. Le garder dans une poche ou le mettre en pendentif à porter sur le coeur.

3. Le moyen le plus puissant est de se reconnecter consciemment avec le cristal en créant un espace paisible où le client ne sera pas dérangé. Peut-être pourra-t-il allumer une bougie et inviter ses guides et anges gardiens. Alors il devrait reprendre l'étape 4 (ci-dessus) comme auparavant. L'information connexe, déjà contenue dans le mental, est alors énergisée et rendue encore plus puissante par le flux de lumière en résonnance.

Utiliser un cristal de quartz de cette manière facilite grandement la reprogrammation du mental. Egalement, le processus devient de plus en plus efficace avec chaque nouvelle pratique.

Après la séance

Nettoyage de la pièce

Après que le client soit parti, vous pouvez utiliser un morceau de sélénite brut ou poli, idéalement d'environ 15 centimètres de longueur et 3 centimètres de large, pour balayer le divan, comme si vous brossiez des débris s'y trouvant. Ce cristal est assez commun et relativement bon marché, mais il est très efficace et laisse le divan nettoyé et prêt pour le prochain client. Le processus peut être amélioré en visualisant tous les débris énergétiques étant balayés par la sélénite dans un grand feu de lumière violette-blanche au pied du divan.

Tous les cristaux utilisés en séance doivent être nettoyés avant d'être utilisés à nouveau. Ceci est fait pour enlever l'énergie indésirable et pour les rétablir dans leur état naturel énergétique, pour qu'ils soient à leur efficacité maximum pour le prochain client et ne passent pas des déséquilibres ou des parasites énergétiques du précédent client.

Nettoyage des cristaux

Il y a différentes méthodes pour nettoyer les cristaux, y compris :

- Les passer à la fumée de sauge, d'herbe douce, de cèdre, de bois de santal, d'encens ou une autre fumée nettoyante. Dans les bâtons préparés d'avance, les herbes sèches sélectionnées sont ligotées serré en fagot, souvent de la taille d'une carotte. Une extrémité du fagot est enflammée pour qu'il se consume et produise une fumée odorante et nettoyante. Cette fumée est alors agitée au dessus des cristaux, ou bien ils peuvent être aussi maintenus dans la fumée pour s'assurer que tous les côtés sont nettoyés. Cela marche bien et peut être utilisé sur les cristaux délicats qui ne peuvent pas être déposés dans de l'eau et du sel sans être endommagés. Il y a moins de risque de dommages à cause d'étincelles si vous mettez votre matériel dans un plat ignifuge ou une coquille d'abalone (le choix traditionnel) et utilisez une plume ou quelque chose de similaire pour diriger la fumée plutôt que d'agiter le fagot dans toutes les directions. Cette méthode est également utilisée pour nettoyer la pièce de thérapie.

- Pour nettoyer une pierre avec l'énergie émotionnelle de l'amour, vous devez simplement tenir la pierre dans votre main et rayonner de l'amour depuis votre coeur dans sa direction. Vous pouvez visualiser une douce lumière rosée coulant de votre coeur. La clé est de ressentir de l'amour et de le projeter dans la pierre.

- Les petits cristaux peuvent être nettoyés en les laissant sur un large amas de cristal, soit du cristal de quartz clair ou de l'améthyste, ou en utilisant une baguette de sélénite. Il est préférable que l'amas ait des pointes dans toutes les directions, car on dit que ce sont les multiples courants d'énergie qui nettoient la pierre posée dessus.

- Faire des sons, faire sonner des cloches, taper sur des tambours, chanter et d'autres formes de nettoyage par le son, sont efficaces. Les petits cristaux peuvent être placés dans un bol tibétain que l'on fait résonner – la forte vibration libère les énergies lourdes ou bloquées et remet le cristal dans son état naturel.

- Faire couler de l'eau marche bien pour nettoyer les pierres à qui cela ne cause pas de dommages – c'est à dire le quartz clair, rose, et fumé, l'améthyste, l'aventurine verte et jaune, mais pas la sélénite. Un courant d'eau de source ou les vagues d'un océan sont ce qu'il y a de mieux, mais vous devez faire attention à ne pas perdre vos pierres ! Passer les cristaux sous un robinet sera également efficace.

- Les huiles essentielles, les brumisateurs et les essences de fleurs peuvent également être utilisés pour nettoyer les pierres, ainsi que les brumisateurs de nettoyage d'aura déjà prêts ou que l'on fabrique. Pour faire un brumisateur de nettoyage efficace, prenez un flacon pulvérisateur et mettre dedans un total de 15 gouttes d'une huile essentielle pure appropriée. Vous pouvez choisir parmi le pin, le cèdre, le romarin, le juniper, le bois de santal ou la lavande. Ajoutez une cuillère à café de vodka ou un alcool similaire pour dissoudre les huiles et compléter avec de l'eau. Puis, pulvérisez la brume au dessus de vos pierres. Pour améliorer la pulvérisation, vous pouvez y ajouter une essence de fleur aux propriétés nettoyantes comme "pommier sauvage" des Fleurs de Bach.

Techniques de cristaux pour le thérapeute

Choisissez parmi les techniques suivantes selon vos besoins. Plus vous utiliserez les cristaux souvent, plus votre champ énergétique répondra rapidement et profondément.

Equilibrer

1. Asseyez-vous et placez une pointe de quartz fumé sous chaque pied, et une troisième au chakra base (comme pour la technique d'enracinement ci-dessus).
2. Etendez-vous et placez une pierre de quartz rose sur votre centre du coeur et tenez-en une autre dans chaque main.
3. Retirer les pierres après cinq à dix minutes, ou selon ce que

vous ressentez intuitivement.

Nettoyer et déblayer

1. Prenez une baguette de sélénite et faites un mouvement de balayage devant le corps, du dessus de la tête jusqu'au dessous des pieds, en établissant l'intention de brosser tous les débris énergétiques dans l'aura.
2. Répétez l'opération trois fois en tout. La première fois balayez approximativement dans un périmètre de trois à cinq centimètres du corps, puis éloignez la baguette de trois à cinq centimètres supplémentaires pour le deuxième passage, et encore plus loin pour le troisième passage. Ainsi, plusieurs couches du champ énergétique sont nettoyés. Répétez pour l'arrière de l'aura, aussi loin que possible. Utilisez l'intention et la visualisation (ou un ami pour vous aider) pour les endroits que vous n'arrivez pas à atteindre physiquement.

Alléger

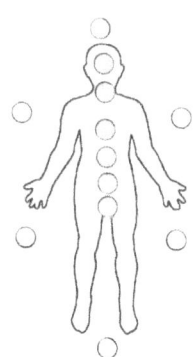

1. Placez six, neuf ou douze (suivant votre besoin - plus de pierres créent plus de lumière) morceaux de quartz clair de 3 à 6 centimètres du corps physique et espacés régulièrement autour.
2. Etendez-vous sur le dos et placez une aventurine jaune sur chacun des six chakras, de la base, jusqu'au troisième oeil.
3. Respirez doucement.
4. Retirer les pierres après cinq ou dix minutes et buvez de l'eau.

L'effet de cette disposition aura sera d'ajouter une "note" de légèreté équilibrée dans le corps énergétique. On pourra se sentir le coeur léger après, mais pas du tout "étourdi".

Nettoyer les chakras

Suivez la technique décrite précédemment. Dans le cas où une intrusion énergétique indésirable est survenue, il pourrait être nécessaire d'employer une combinaison de techniques pour débarrasser l'aura des hôtes parasites. En plus de celles décrites précédemment, un bain de sel est fortement recommandé. Le sel, cristallin par nature, est un excellent conducteur et est très efficace pour nettoyer les énergies lourdes de l'aura. Mettez deux ou trois poignées de sel de mer dans l'eau du bain et trempez pendant environ 20 minutes. Dans certains cas, cela peut prendre quelques bains de sel pour obtenir l'effet désiré, mais chacun va détendre un peu plus l'énergie la plus irréductible, jusqu'à ce qu'une aura claire comme du cristal soit obtenue.

Résumé

Les techniques de cristaux décrites dans ce chapitre peuvent être utiles dans différentes situations et dans tous les types de séances de thérapie. Leur simplicité et leur facilité d'utilisation recèlent d'immenses bénéfices, tout en restant du côté de la prudence. Je recommande de pratiquer sur vous ou sur un ami volontaire avant de procéder avec un client, particulièrement si vous avez peu d'expérience dans le domaine des cristaux ou si votre client est particulièrement sensible. Et rappelez-vous qu'il est bon d'obtenir la permission de votre client avant de poser des cristaux sur et autour de son corps.

Achats

1 amas d'améthyste
4 pointes de quartz verticales
1 baguette de sélénite
1 pendule en cristal de quartz clair
1 pointe naturelle en quartz clair
6–12 morceaux de quartz clair
5 pointes de quartz fumé
6 morceaux d'améthyste
6 morceaux d'aventurine verte
6 morceaux d'aventurine jaune
3 morceaux de quartz rose
Fagot de plantes douces ou encens de haute qualité
Sel de mer

A propos de l'auteur

Christine McBride BEd, BA, Dip RT

Christine est une enseignante expérimentée et intuitive, ainsi qu'une thérapeute en régression. Elle a travaillé avec des cristaux et d'autres thérapies durant environ 20 ans. Les ateliers de thérapie avec les cristaux qu'elle anime fournissent aux participants des techniques puissantes pour créer un changement positif avec aisance et confiance – incluant la radiesthésie, et le travail avec les méridiens, les baguettes de cristal et les pendules – tandis que ses classes de niveau deux et trois comportent des informations guidées non disponibles ailleurs. Pour plus d'informations, visitez son site internet: *www.christinemcbride.co.uk* ou contactez la à son adresse *mcbridechristine@aol.com*.

Références

1. Lilly, Simon. *Illustrated Elements of Crystal Healing*. Element Books 2002.
2. Lilly, Simon and Sue. *Crystal Healing*. Watkins Publishing 2010.

Ces deux ouvrages ne sont pas traduits en français, mais deux autres ouvrages des mêmes auteurs sont disponibles en français (moins professionnels cependant).

3. Lilly, Simon et Sue. Cristaux essentiels. Guy Trédaniel Editeur 2010
4. Lilly, Simon et Sue. A la découverte des Cristaux (coffret). Editions Contre-dires 2012

# 7

Valoriser le client

Chris Hanson

Le plus grand bien que vous puissiez faire à quelqu'un n'est pas seulement de partager vos richesses, mais de lui révéler les siennes.

Benjamin Disraeli

Introduction

Après avoir terminé ma formation en hypnose clinique en 1990, mon intention a toujours été non seulement d'aider les clients avec les problèmes qu'ils présentaient, mais aussi de renforcer leur pouvoir en leur enseignant des techniques de développement de soi à chaque fois que c'était possible. A présent que je suis également thérapeute en régression certifiée, j'ai encore le désir d'incorporer des techniques de développement personnel dans les séances de régression lorsque c'est approprié.

Une technique que j'ai trouvée très utile est d'installer un mot-clé choisi par le client pour ancrer la profondeur nécessaire de transe hypnotique pour le travail de régression, et qu'il peut également utiliser en méditation. Les autres techniques sont des adaptations de ce que l'on connaît bien maintenant sous le nom de "techniques de mouvements oculaires", l'une pour apaiser les émotions appelée "tapotements sortants" et l'autre pour intégrer des sentiments positifs appelée "tapotements entrants".

Créer des ancres puissantes

Ancrer la profondeur d'une transe est une technique utilisée par de nombreux hypnothérapeutes dans leur pratique. La façon la plus puissante dont j'ai appris à pratiquer cette technique a été en participant à la formation de James R. Ramey, Ultra Depth^{TM}. Nous allons voir comment cela peut nous servir dans les séances de régression. Un des critères les plus importants pour effectuer une séance de régression de "Vie entre les Vies" (LBL) est la capacité du thérapeute de guider son client dans l'état transe hypnotique profonde nécessaire et de les maintenir à ce niveau durant la séance – qui peut souvent excéder trois heures. Le simple fait de parler peut quelque fois réduire la profondeur de la transe et s'il y a des pauses pour aller aux toilettes, le thérapeute doit s'assurer de pouvoir remettre le client rapidement au niveau précédent de transe profonde. C'est pourquoi la plupart des thérapeutes de régression entre les vies insistent pour voir leur client au minimum lors une séance avant la séance principale de Vie entre les Vies, pour s'assurer qu'ils n'ont pas de problèmes ou de blocages à résoudre préalablement, d'être certains qu'il n'y aura pas d'obstacle à amener le client au niveau de transe profonde nécessaire et de les garder à ce niveau.

C'est durant cette séance préliminaire que j'ai souvent trouvé très utile de guider mes clients en transe profonde et d'installer un mot-clé de leur choix, qui peut être utilisé pour induire une transe profonde très rapidement dans les séances suivantes et de maintenir les clients à ce niveau requis. Ce mot clé peut être également utilisé par le client, à chaque fois qu'il le désire, pour aller en auto-hypnose pour d'autres raisons que la régression – sieste rapide, méditation, relaxation générale, faire face à l'anxiété

Valoriser le client

et au stress, insomnie ou autre. Pour éviter une induction accidentelle, les instructions utilisées pour installer le mot-clé doivent insister sur le fait que ce mot ne fonctionnera que lorsque le client a l'intention d'aller en auto-hypnose, c'est-à-dire lorsque c'est approprié et sûr de le faire, et que le client restera en état d'hypnose seulement le temps qu'il le désire. Normalement, j'enseigne à mes clients de se programmer mentalement une limite de temps pour être en auto-hypnose et d'installer un mot comme "sortie" ou "émerge" pour mettre fin à leur transe. En fait, j'ai découvert que nos horloges internes sont si efficaces que le plus souvent, le mot "sortie" n'est pas nécessaire. Mais le mot peut être utilisé si, par exemple, j'ai besoin de sortir un client très rapidement de transe.

C'est à vous de choisir jusqu'à quelle profondeur de transe vous voulez conduire un client avant de lui installer le mot-clé. Si vous désirez le guider dans un état de véritable somnambulisme, il aura besoin d'un conditionnement préalable. Avoir la confirmation du client qu'il a réussi à entrer en hypnose pendant qu'il écoutait plusieurs fois le CD de relaxation progressive que j'envoie toujours, me rassure sur le fait qu'il n'y aura aucun problème pour atteindre le niveau de transe nécessaire. Conduire des tests de suggestibilité ou des exercices de pré-induction au début de la séance est une autre sécurité et devrait toujours être fait si vous choisissez une induction rapide ou spontanée (Pour plus d'information sur ces techniques, voir chapitre 5).

Si vous avez l'intention d'arriver à un état de véritable somnanbulisme, il est nécessaire de faire un test d'amnésie comme indiqué dans les notes plus bas, mais ce niveau profond de transe n'est pas toujours nécessaire. Souvent, le niveau juste au dessus du véritable somnanbulisme est adéquat pour le travail de régression entre les vies et un niveau encore plus léger pour la thérapie de régression.

J'ai adapté de ma formation Ultra Depth^{TM}, à l'Institute of

Clinical Hypnosis avec James R. Ramey, les étapes suivantes pour installer le mot-clé :[1]

1. Demandez à votre client un mot-clé de son choix que vous installerez pour de l'hypnose profonde/auto-hypnose, et un autre mot-clé à utiliser pour sortir d'hypnose. Mettez les par écrit !

2. Utilisez une induction de votre choix pour amener le client en relaxation profonde. Cela peut être votre induction préférée de relaxation progressive ou une induction rapide.

3. Vous pouvez utiliser n'importe quel approfondisseur, comme compter de 1 à 10. Ou vous pouvez compter de 1 à 5 en disant au client de se relaxer plus profondément avec chaque compte, puis compter de 1 à 5 en lui disant de doubler sa relaxation avec chaque compte, et finalement de compter de 1 à 5 en lui disant de tripler sa relaxation avec chaque compte.

4. Utilisez la technique d'approfondissement de lâcher du bras. Dites au client : **Je vais lever votre bras droit/gauche.** Puis faites le tourner doucement en cercle pour tester à quel point il est relaxé. Si vous sentez que le client vous aide activement et donc, n'est pas suffisamment relaxé, dites-lui de vous laisser faire et encouragez le à sentir à quel point son bras est "lourd comme du plomb". Lorsque vous sentez que son bras est relaxé, dites : **Lorsque je vais lâcher votre bras sur votre cuisse, vous pouvez aller 10 fois plus profond... 10 fois plus profond dans un état de relaxation confortable... 10 fois plus profond en relaxation...** Puis lâchez son bras pour voir s'il tombe comme un poids mort. Répétez avec l'autre bras.

5. Installez les mots-clé "profondément relaxé" : **A chaque fois que je vous dirai les mots "PROFONDEMENT RELAXE" je veux que vous fermiez tout de suite les**

Valoriser le client

yeux... et automatiquement, sans même y penser, vous vous relaxerez... pour retourner à l'état confortable dans lequel vous êtes maintenant... vous irez plus profond à chaque fois... appréciant de plus en plus chaque fois... **en étant certain de suivre précisément toutes mes instructions... et en vous sentant parfaitement bien à tous égards.** Répétez les même instructions pour les renforcer.

6. Fractionnez en sortant le client de transe et en le faisant entrer à nouveau à transe, en allant plus profond à chaque fois. Dites : **Maintenant je vais compter de 3 à 1 pour vous faire sortir... et au compte de 1, pas avant, vous ouvrirez les yeux. Donc, 3, vous revenez doucement... 2 vous sortez un peu plus de transe... 1, yeux ouverts vous vous sentez parfaitement bien à tous points de vue. Maintenant fermez les yeux** (faites un geste de la main vers le bas) **et PROFONDEMENT RELAXE... PROFONDEMENT RELAXE... vous allez profond... plus bas... relaxé... détendu... et relâché.** (Lorsque le client ressort de transe temporairement, éviter de dire "alerte" ou "complètement éveillé", jusqu'à la fois où vous le ramenez pour la dernière fois). Ensuite faites La technique d'approfondissement de lâcher du bras avec les deux bras. Et répétez la procédure de fractionnement encore deux fois.

7. Après le troisième fractionnement, utilisez un approfondisseur en comptant de 1 à 10, doublant la relaxation avec chaque compte.

8. Maintenant vous avez l'option de tester une amnésie en utilisant votre méthode préférée. Par exemple, vous pouvez dire : **Maintenant, vous êtes tellement détendu... que le temps est superflu pour vous.... que le temps est**

complètement superflu pour vous... vous vous en fichez de l'heure qu'il est... ou même du jour qu'on est... vous êtes si détendu que ça n'a plus d'importance... ce n'est pas important pour vous... vous ALLEZ OUBLIER quel jour on est... vous ALLEZ OUBLIER quel jour on est... maintenant, essayez de vous souvenir quel jour on est aujourd'hui... et si vous êtes vraiment relaxé... vous allez découvrir que plus vous essayez... moins vous vous souvenez.

Ou vous pouvez dire : **Dans un moment, je vais prendre votre main... et au compte de trois, je vais juste la faire tomber sur vos cuisses... dès qu'elle va toucher vos cuisses... vous allez partir en relaxation si profonde... que votre propre nom va sortir de votre tête... dès que votre main vas toucher vos cuisses... vous ne pourrez pas vous souvenir de votre nom... vous ne pourrez pas vous souvenir de votre nom... dès que votre main touche vos cuisses... vous ne pourrez pas vous souvenir de votre nom.... car il sera complètement parti... complètement évaporé de votre tête... prêt, maintenant, 1...** (donnez doucement une petite secousse à la main du client) **2...** (donnez encore une petite secousse) **3... parti !** Lâchez la main du client sur ses cuisses et dites immédiatement : **Alors, dites-moi quel est votre nom ?**

Si le client essaye de se souvenir de la date ou de son nom, mais n'y arrive pas, il est maintenant en amnésie hypnotique, ce qui confirme qu'il est en état de somnambulisme. Dites immédiatement, sans attendre trop longtemps : **OK, arrêtez d'essayer de vous souvenir et PROFONDEMENT RELAXE.** Si vous souhaitez que le client soit en véritable somnambulisme et qu'il soit quand même capable de se souvenir de la date ou de son nom,

Valoriser le client

vous devez approfondir la transe avant de revérifier l'amnésie. N'oubliez pas d'annuler l'amnésie en disant : **Maintenant vous pouvez vous souvenir du jour/de votre nom très facilement et clairement...** car c'est très clair et très vif dans votre tête.

9. Maintenant installer le mot-clé choisi par le client : **A chaque fois que je dirai le mot ____ ou que vous vous direz le mot ____ ... automatiquement, sans y penser, sans hésitation ou sans délai, vous fermerez vos yeux... et retournez corps et esprit... dans le même état confortable dont vous profitez maintenant...** Répétez deux autres fois. **Ceci va se produire aujourd'hui... et tous les jours... pour le reste de votre vie... ou pour aussi longtemps que vous le voudrez... tant que vous serez dans un endroit sûr pour faire cela... maintenant, ____... ____... ____.**

10. Sortez le client de transe en comptant de 3 à 1, puis testez son mot-clé pour le ramener en transe. Dites : **Maintenant, je vais compter de 3 à 1 pour vous faire revenir... et au compte de 1, et pas avant, vous aurez les yeux ouverts... maintenant 3... revenez doucement et lentement.... 2... revenez de plus en plus... 1... ouvrez les yeux, vous vous sentez parfaitement bien, à tous points de vue... maintenant ____.** Faites un geste de la main pour rappeler au client de fermer ses yeux, puis attendez au moins 20 secondes, tandis qu'il se remet en transe. **C'est cela, allez de plus en plus profond... détendu... relâché... souple... vous vous sentez bien, confortable... et complètement relaxé.** Répétez encore deux fois, en sortant le client de transe, puis en disant son mot-clé pour le remettre en transe en ajoutant quelques phrase pour l'accompagner plus profond.

11. "PROFONDEMENT RELAXE" a été installé pour approfondir la transe par fractionnement et ne va pas avoir ancré une profondeur de transe particulière, donc on devrait l'enlever. Après avoir dit le mot-clé pour la troisième fois et avoir encouragé le client à aller plus profond, enlevez le en disant : **A chaque fois que je vous dirai les mots PROFONDEMENT RELAXE, ils n'auront aucune signification particulière... A chaque fois que je vous dirai les mots PROFONDEMENT RELAXE il ne signifieront rien de spécial pour vous.**

12. Comptez de 5 à 1 pour sortir le client de transe et demandez lui comment il se sent. Puis dites à nouveau son mot-clé et faites le aller plus profond encore de façon à programmer le mot-clé pour le faire sortir de transe : **A chaque fois que vous vous retrouverez dans un état de relaxation... similaire à celui dans lequel vous vous trouvez maintenant... et que je vous dis, ou que vous vous dites le mot ____ ... cela signifiera la même chose pour vous que si j'avais compté de 5 à 1... vous redeviendrez complètement alerte... vous sentant rafraîchi... vous sentant parfaitement bien à tous points de vue... et ceci arrivera aujourd'hui... et tous les jours.... pour le reste de votre vie... ou aussi longtemps que vous le désirez... cela arrivera du niveau de relaxation ou vous êtes maintenant... et de n'importe quel autre niveau auquel vous serez... maintenant, ____... ____... ____.** Vérifiez que le client a les yeux ouverts et est parfaitement alerte. Sinon, répétez toute cette étape d'une voix plus forte.

Voici plusieurs exemples des bénéfices de ces techniques d'ancrage dans la pratique :

Peter avait demandé une séance de régression de Vie entre les

Vies (LBL) avec moi, donc, je lui envoyai une copie de mon propre CD de relaxation à écouter, et lui fixai un rendez-vous pour une séance préliminaire, car il n'avait jamais fait l'expérience d'une régression dans une vie passée. Dans le passé, il avait arrêté de fumer grâce à l'hypnose et les exercices pré-hypnotiques montrèrent qu'il était très sensible à la suggestion. Il devint bientôt évident durant l'entretien qu'il y avait plusieurs problèmes de stress et de croyances personnelles qui avaient besoin d'être traités avant la séance de régression entre les vies et qu'un total de trois séances serait nécessaire. En conséquence, j'installai un mot-clé d'entrée et de sortie que Peter avait choisi, au début de la première séance de thérapie – pour gagner du temps dans les séances suivantes pour le mettre en transe profonde. Peter pourrait également utiliser son mot-clé à la maison, pour se relaxer plus facilement à chaque fois qu'il se sentirait stressé. Je lui expliquai aussi comment utiliser simplement son mot de sortie pour se sentir plus alerte si jamais il se sentait fatigué durant la journée.

Carol, une jeune femme qui voulait une régression de Vie entre les Vies, fixa deux séances avec moi sur deux jours consécutifs. Elle était un excellent sujet hypnotique n'ayant aucun problème à résoudre, mais souffrait de cystite, nécessitant de fréquents allers-retours aux toilettes. Je décidai alors d'installer durant la première séance un mot-clé pour aller en transe profonde, avant de procéder à une régression dans une vie passée, pour me permettre de remettre Carole rapidement en transe après chaque pause toilettes. Ce fut très précieux, car durant la régression quatre pauses furent nécessaires !

Calmer les émotions – Tapotements sortants

Les autres techniques que j'utilise régulièrement durant les séances de régression sont dérivées d'une thérapie appelée "désensibilisation et reprogrammation par mouvements oculaires" (EMDR). Ce processus a été développé par la psychologue Francine Shapiro, une chargée principale de recherche au Mental Research Institute de Palo Alto, en Californie.[2] Un jour venteux en 1987, Francine se promenait à l'extérieur, et tandis qu'elle réfléchissait à des problèmes perturbants, elle remarqua des feuilles qui tombaient autour d'elle. Lorsqu'elle eut fini sa marche, elle fut émerveillée de voir que ses pensées troublées avaient disparu et, après réflexion ultérieure, s'aperçut qu'elles avaient perdu leur charge émotionnelle. Assumant que c'était le résultat des mouvements des yeux qu'elle avait faits involontairement durant sa promenade, Francine se mit à expérimenter sur des volontaires pour voir si elle pouvait reproduire l'effet qu'elle avait constaté sur elle-même. Obtenant des résultats positifs, elle décida de développer la technique et elle fut testée avec succès sur des vétérans du Vietnam qui souffraient de troubles de stress post-traumatique, ainsi que d'autres personnes qui souffraient de traumatismes graves. Demander aux volontaires traumatisés de bouger les yeux rapidement d'un côté à l'autre pendant qu'ils visualisaient des scènes dérangeantes ou revisitaient des souvenirs traumatisants avait pour résultat que les souvenirs devenaient de moins en moins dérangeants. Finalement, il fut découvert que d'autres formes de stimulations bilatérales marchaient aussi bien – tapoter alternativement gauche-droite, gauche-droite sur différentes parties du corps, par exemple, ou utiliser des sons alternant des côtés gauche et droit de la tête. Ceci montrat que l'efficacité du processus n'était pas simplement un résultat des mouvements

Valoriser le client

rapides des yeux, dont nous faisons tous l'expérience lorsque nous dormons, comme imaginé au départ.

La manière dont l'EMDR marche n'est pas encore claire, bien que le Dr Shapiro ait formulé une théorie qu'elle appelle "Traitement Adapté de l'Information" pour expliquer ce qui ce passe. Un souvenir traumatique n'est pas traité avec succès par le cerveau, mais est conservé sous forme fragmentée, conduisant à des symptômes qui peuvent perturber la vie quotidienne. On pense que lorsqu'une personne ayant un souvenir traumatique est encouragée à se concentrer sur ce souvenir autant qu'elle peut, avec tous ses sens, et qu'une stimulation bilatérale alternée est utilisée, son système naturel de traitement de l'information est activé. Il s'agit d'un processus psycho-corporel d'association libre qui active à la fois les hémisphères gauche et droit du cerveau et affecte le stockage physique du souvenir traumatique fragmenté, de façon à ce qu'il ne soit plus ressenti comme perturbant.

Durant une séance de thérapie, la stimulation bilatérale continue pendant plusieurs tours, chacun durant 3 minutes ou plus, et des protocoles ordinaires sont suivis pour aider le traitement du souvenir. Dr Shapiro utilise un processus en huit étapes et le client doit être soigneusement observé tout du long par un thérapeute certifié.

Il y a une forme courte d'EMDR appelée simplement EMT ("Technique de mouvement des yeux"), développée par Fred Friedberg. Elle peut être administrée par des thérapeutes qui ne sont pas familiers avec les protocoles complets d'EMDR, mais aussi peut être enseignée par les thérapeutes à leurs clients pour se traiter chez eux en toute sécurité. Cette version simplifiée peut être utilisée tous les jours pour réduire le stress quotidien, pour résoudre des conflits émotionnels et même pour traiter l'insomnie.

L'EMT est relativement simple et implique de tapoter avec les doigts, gauche-droit, à un rythme de 2 tapotements par seconde, en continu durant environ trois minutes par série. On peut demander au client de tapoter ses propres cuisses, ou, avec sa permission, vous pouvez tapoter le dos de ses mains ou de ses épaules – un tapotement sur la gauche rapidement suivi d'un tapotement sur la droite, répété sur la durée d'une série. S'il n'y a aucune amélioration après trois séries de tapotements, alors on peut commencer des séries de mouvements des yeux.

La procédure que j'utilise est décrite en totalité dans le livre de Frieberg :[3]

1. Demander au client de fermer ses yeux et de se focaliser sur une image, un sentiment ou une pensée stressante et d'évaluer son intensité sur une échelle de 0 à 10 (10 représentant le maximum de stress).

2. Demandez lui de noter les sensations physiques associées – maux de tête, machoires serrées, tensions dans le ventre, accélération du rythme cardiaque, transpiration et toute tension physique – alors qu'il se focalise sur le stress.

3. Demandez lui de commencer à tapoter alternativement sur ses cuisses, de façon à ce que le doigt droit tapote sur la cuisse droite, puis la cuisse gauche, puis à nouveau la droite et ainsi de suite, à raison de deux tapotements par seconde durant trois minutes. Que le client utilise un ou plusieurs doigts pour tapoter n'a pas d'importance.

4. Demandez au client d'évaluer à nouveau son niveau de stress après avoir pris une inspiration profonde.

5. Si l'intensité décroît, continuer durant plusieurs séries de tapotements, jusqu'à ce que 1 ou 0 soit atteint. Si de nouveaux stress apparaissent, il peut être nécessaire de tapoter à leur sujet pour les faire partir.

6. Si l'intensité ne baisse pas, demander au client d'exécuter 25 à 30 mouvements rapides des yeux de droite à gauche en suivant le mouvement de vos doigts. (Lorsqu'il fait les

Valoriser le client

mouvements des yeux seul chez lui, demandez au client de choisir une objet se trouvant à l'extrême gauche de son champ visuel et un autre objet à l'extrême droite et de les regarder à tour de rôle en passant de l'un à l'autre).

7. S'il se produit une amélioration après deux séries de mouvements oculaires, continuez jusqu'à ce que le score de 1 ou 0 soit atteint.

8. S'il n'y a pas d'amélioration, demandez au client de se concentrer sur n'importe quelle sensation physique associée à son stress, puis de prendre une inspiration profonde et de répéter des séries de tapotements.

9. S'il n'y a toujours pas de changement, demandez au client d'effectuer deux séries de mouvements oculaires en se concentrant sur les sentations physiques.

10. Si finalement il n'y a aucune amélioration utilisez le mot "relax". Demandez lui de penser à un long "reee" sur l'inspiration et un long "laaax" sur l'expiration, puis ajoutez les tapotements durant trois minutes ou plus, mais en stoppant le processus si des pensées négatives font irruption.

11. Confirmez tous les changements que le client aura expérimenté. Tous les changements positifs peuvent être "tapotés vers l'intérieur". Ceci est expliqué dans la prochaine section.

Tandis que vous tapotez, le mot "relax" peut être simplement utilisé pour encourager la relaxation, pour surmonter l'insomnie ou pour diminuer la charge émotionnelle de toute mémoire traumatique si celle-ci remonte à la surface lorsque le client pratique l'EMT chez lui. S'il utilise la technique dans un endroit public, le client peut effectuer le tapotement en croisant ses bras et tapoter sur le haut de ses bras ou même en tapotant ses orteils sur le sol à l'intérieur de ses chaussures, comme manière très discrète de procéder. Il faut insister auprès du client que s'il veut utiliser l'EMT en développement personnel, il doit l'utiliser seulement pour le stress quotidien, tandis que les mémoires traumatiques requièrent l'aident d'un thérapeute certifié (c'est à dire vous !). Les mêmes contre-indications que pour la thérapie de régression s'appliquent pour l'utilisation de l'EMT.

Les thérapeutes en régression peuvent trouver que la connaissance de l'EMT est bénéfique si un client arrive pour une séance de Vie entre les Vies dans un état de stress inattendu ou a soudainement des doutes pour entrer en transe profonde. Voici un exemple :

> Mary est arrivée très secouée pour sa longue séance de régression dans Vie entre les Vies. En chemin, elle avait été témoin des conséquences d'un accident très sérieux sur l'autoroute et avait un retard de 45 minutes à cause de l'embouteillage qui s'en était suivi. Nous pûmes diffuser l'impact émotionnel de l'accident et les sentiments consécutifs au retard simplement en faisant trois séries de tapotements EMT et une série de la séquence avec le mot "relax", avant de commencer la régression. Si nous n'avions pas utilisé l'EMT, l'état émotionnel de Mary aurait pu l'empêcher d'entrer en transe profonde ou aurait créé une interférence d'un autre type avec la séance.

On trouve un autre exemple de l'utilisation de l'EMT avec des clients lorsque l'on est en présence de travail inachevé à la fin d'une séance de régression :

> Bien que de nombreux problèmes liés à sa vie courante furent résolus lors d'une séance de thérapie avec Sophie, une vérification finale à l'aide du signal idéomoteur en liaison avec le niveau le plus élevé de son esprit révéla qu'il y avait encore un problème à résoudre. Elle me dit qu'il s'agissait d'une dispute avec une amie. Comme il ne restait que dix minutes

avant le client suivant, après une rapide discussion avec elle, je lui fis deux séries d'EMT avec des tapotements sur le dos de ses mains, tandis qu'elle se concentrait sur le problème en question. Cela servit à éliminer la charge émotionnelle que le problème produisait et nous prîmes rendez-vous pour une autre séance de thérapie de régression pour terminer de résoudre le problème résiduel.

Si je n'avais pas pris conscience du travail inachevé, je n'aurais pas utilisé l'EMT de cette façon, à la fin d'une séance, car il y avait le risque d'évoquer des mémoires traumatiques qui auraient pris trop longtemps à traiter. Ainsi, si vous n'avez pas idée de la nature d'un travail inachevé, il est préférable d'enseigner au client de faire des tapotements en utilisant le mot "reee-laaax" si des pensées ou des émotions perturbantes se produisent avant leur rendez-vous suivant.

Intégrer des ressources positives — Tapotements entrants

L'autre technique dérivée de l'EMDR que j'utilise fréquemment avec mes clients est appelée "tapotement ressource". Cette technique a été développée par Laurel Parnell et clairement expliquée dans son excellent livre *Tapping In*.[4] Le tapotement ressource se concentre sur le fait d'intégrer une ressource positive et thérapeutique pour la renforcer et l'ajouter à la mémoire esprit-corps, mais le tapotement a lieu seulement sur une courte durée pour ne pas qu'un processus d'association libre se produise. Des séries de 6 à 12 tapotements gauche-droite sont utilisés et on arrête les tapotements si un souvenir négatif ou des pensées parasites se produisent. On peut enseigner très rapidement aux clients à s'en servir chez eux pour réactiver la ressource nécessaire. Initialement ce tapotement ressource était utilisé avec les clients pour mettre en place un "endroit sûr" avant de procéder à l'EMDR pour traiter des mémoires traumatiques et on a trouvé que c'était plus efficace que l'imagerie guidée seule. Parnell a développé la technique encore plus loin pour inclure le tapotement de plusieurs ressources positives et des qualités inhérentes à chacun, et, maintenant, le tapotement ressource est une pratique en soi.

Durant les séances de régression dans la vie courante, dans les vies passée ou dans la Vie entre les Vies, le tapotement ressource peut être utilisé pour accéder à toute expérience ou connaissance positive. Je demande à mes clients de faire cela durant les étapes finales d'intégration, plutôt que de leur donner une affirmation à répéter chez eux ou d'ancrer un sentiment ou une émotion positive. Je pense que les tapotements sont plus efficaces que les ancres traditionnelles car, non seulement le rythme du tapotement aide à la relaxation – en ayant un effet calmant et appaisant sur le système nerveux – mais il permet également de renforcer l'activation du cerveau et facilite aussi bien le stockage que la récupération de la ressource.

Par exemple, si le client a un souvenir positif fort avec son guide spirituel ou les Ancêtres ou reçoit une qualité particulière d'un animal puissant, ou que son enfant-intérieur reçoit une qualité ou des ressources de renforcement, celles-ci peuvent être stockées. De même, si l'on ressent que le client pourrait avoir besoin de son "lieu de ressource" après la séance, celui-ci peut également être intégré par des tapotements entrants.

Le processus est très simple, le tapotement est le même que pour l'EMT, mais on utilise un rythme plus lent et des séries plus courtes :

1. Montrez au client comment vous voulez qu'il tapote et laissez-le s'entraîner pour qu'il s'habitue au rythme nécessaire et décide à quel endroit du corps il préfère tapoter (par exemple,

les cuisses ou les bras).
2. Guidez le rapidement vers un état de relaxation.
3. Demandez lui de penser à la ressource de son choix.
4. Encouragez le à utiliser son imagination autant que nécessaire et, très important, d'utiliser tous ses sens pour rendre le souvenir/expérience/qualité aussi vivante que possible, en la ressentant dans son corps.
5. Demandez au client de vous dire quand il entre en contact avec le ressenti de la ressource. Demandez lui alors de commencer à tapoter en rythme, lentement, gauche-droite, pour une série de six à douze tapotements alternatifs. Encouragez le à se concentrer sur les sentiments positifs et de les faire grandir, mais demandez lui d'arrêter si des sentiments ou des pensées négatives commencent à émerger.
6. Après une série de 6 à 12 tapotements gauche-droite, si la ressource se renforce, le client peut être encouragé à tapoter encore quelques séries pour l'ancrer à l'intérieur de lui.
7. Si le client le désire, un mot clé peut être choisi pour accéder facilement à la ressource (par exemple "guide" ou "endroit sûr") et le client peut tapoter le mot pour le stocker.
8. Ramenez le client "ici et maintenant" et expliquez que, à chaque fois qu'il aura besoin d'accéder à la ressource qu'il vient d'intégrer, tout ce qu'il a besoin de faire est de fermer les yeux, d'imaginer la ressource (et/ou dire le mot clé), et de commencer à tapoter doucement, pour réaliser seulement 6 à 12 tapotements gauche-droite. Il peut continuer avec des séries de tapotements complémentaires tant que cela lui procure des sentiments positifs.

Si le client demande d'autres séances de thérapie de régression pour traiter les mémoires traumatiques non-résolues, vous devez vous souvenir de lui demander de ne faire que de courtes séries de tapotements ressource lorsqu'il ne se trouve pas avec vous, pour ne pas activer les mémoires traumatiques.

Voici plusieurs exemples de bénéfices liés à l'utilisation de ces techniques de tapotements entrants :

Petra m'a consultée pour l'aider avec ses addictions. A cause de la nature de ces addictions, nous sommes tombées d'accord sur le fait qu'elle aurait besoin de pas mal de séances sur une période de plusieurs semaines. Je décidai qu'une régression dans la vie courante et un travail sur l'enfant intérieur seraient très bénéfiques pour elle, car elle avait eu une enfance malheureuse, mais ceci ne marcherait que si elle était capable de répondre émotionnellement à la thérapie. C'est pourquoi, durant la première séance avec elle, je la guidai dans une transe légère et lui demandai de localiser son endroit ressource personnel, là où elle se sentait calme, détendue et en sécurité. Je lui demandai alors de croiser ses bras et d'effectuer des tapotements pour intégrer cet endroit ressource. Ensuite, à chaque fois qu'elle se sentirait stressée ou anxieuse, plutôt que de céder à ses addictions, elle pourrait utiliser cet endroit ressource, en tapotant doucement pour y accéder. Des énergies parasites furent aussi libérés durant cette première séance, ce qui eut pour conséquence qu'elle se sentit beaucoup plus légère.

Pendant les séances suivantes, à chaque fois que Petra se sentait capable de ressentir des émotions, nous procédions avec une régression, enquêtant doucement sur les problèmes de sa petite enfance qui avaient l'air d'être à l'origine de ses addictions. Je lui montrai aussi comment utiliser les tapotements en toute sécurité pour libérer tous les sentiments de culpabilité ou le stress qui pouvaient se manifester et activer ses envies incontrôlables et comment utiliser le mot

Valoriser le client

"reee-laaax" pour aider à se détendre et à dormir. Je me sentis récompensée par le SMS que Petra m'envoya : "Merci pour la dernière séance. Je me sens plus légère, moins angoissée et ai dormi toute la nuit pour la première fois depuis des années après avoir utilisé ces tapotements !" Au moment où j'écris cela, il y a encore des événements de l'enfance à résoudre, mais Petra a accru son contrôle sur ses addictions et a trouvé les tapotements très utiles entre deux séances de thérapie de régression.

Chloe a désiré me voir car elle bloquait sur la possibilité de former de nouvelles relations. Elle accéda à une vie passée où elle était un jeune soldat qui tomba amoureux d'une jeune fille et lui divulgua des informations militaires secrètes. Celle-ci vivait dans la maison où lui-même et son régiment vivaient. Les officiers apprirent que quelqu'un parmi eux était un traitre et le jeune homme se suicida, pensant que les officiers étaient au courant de l'erreur qu'il avait commise. Durant la phase de transformation dans la dimension spirituelle, Chloe découvrit que sa petite amie n'avait pas révélé les informations à quiconque et son guide spirituel lui expliqua que les leçons de cette vie passée tournaient autour de la confiance. Elle reçut le message de faire confiance à son intuition, ses sentiments et de reconnaître le moment où quelque chose avait l'air bon pour elle.

Lorsque je demandai à Chloe s'il y avait des moments dans sa vie courante où elle se souvenait avoir su et ressenti que quelque chose était juste, elle me raconta le moment où sa fille était un bébé. Je l'encourageai alors à se souvenir de ce moment et de se concentrer sur les sentiments qu'elle avait éprouvés. A ce moment-là, elle prit conscience d'une sensation dans sa gorge qui fut identifiée comme une énergie parasite qui fut retirée. Je pensai ensuite qu'il était important de m'assurer que Chloe puisse accéder à la ressource lui permettant d'identifier lorsque quelque chose était bon pour elle – cette capacité serait essentielle pour elle pour être disposée à s'ouvrir et se permettre de former la relation future qu'elle désirait. C'est pourquoi je demandai à Chloe de croiser ses bras, de ramener à sa conscience les sentiments qu'elle avait expérimentés avec sa fille, de les intensifier et de les intégrer avec les tapotements.

J'ai trouvé de manière consistante que les tapotements ressource constituent une technique particulièrement facile et efficace pour ancrer l'intégration et l'accès futur à des expériences, des émotions et des qualités positives.

Résumé

Il est toujours bénéfique d'incorporer à la session de régression toutes les techniques que les clients peuvent utiliser plus tard pour aller mieux. Installer un mot clé pour atteindre immédiatement un état de transe profonde et tapoter pour retrouver des ressources peuvent être considérés comme deux "outils à vie" et être pour le thérapeute des raccourcis ou des méthodes supplémentaires pour travailler sur leurs souvenirs et émotions.

A propos de l'auteur

Chris Hanson BSc, DHP, MCH, GQHP, Dip RT

En 1971, Chris a obtenu un diplôme de Biochimie en médecine de l'Université de Leeds. Après avoir considérablement voyagé à l'étranger, elle se qualifie en tant qu'hypnothérapeute clinique avec l'Institute of Clinical Hypnosis en 1999 et a reçu le titre de Maître Hypnothérapeute sept ans plus tard. Elle a suivi la formation de James Ramey - Ultra Depth ^{TM} - avec l'ICH en 2000, une formation supérieure en régression dans les vies passées en 2001 et a participé à des formations en EMDR, EMT, EFT et en kinésiologie psychologique. En 2006, Chris a obtenu un diplôme de Thérapeute en Régression dans la Vie entre les Vies de la PLRA. Elle est devenue formatrice certifiée de la *Past Life Regression Academy* en 2012. Elle exerce en cabinet privé dans le Surrey. Pour plus d'informations, consulter son site internet : *www.chrishansonhypnotherapy.com* ou la contacter par e-mail : *chrisyhanson@hotmail.com*.

Références

1. Site internet de la Ramey Hypnosis Association : *www.ultradepth.com*
2. Shapiro, F., Ph.D. *Manuel d'EMDR – Principes, Protocoles et Procédures*. InterEditions, 2007
3. Friedberg, F., Ph.D. *Comprendre et Pratiquer la Technique des mouvements oculaires*, InterEditions, 2006.
4. Parnell, L., Ph.D. *Tapping In*, Sounds True, 2008 (non-traduit en français).

8

SURMONTER UNE URGENCE SPIRITUELLE

Janet Treloar

Dans tout chaos, il y a un cosmos, dans tout désordre réside un ordre secret. Il n'y a pas de prise de conscience sans douleur.

Carl Jung

INTRODUCTION

Mon expérience de l'urgence spirituelle lorsque j'étais jeune a eu un impact dramatique sur ma vie. Elle m'a menée à des émotions extrêmes et au bord de la folie. Bien que ce type d'expérience puisse être dramatique et effrayante, si elle est comprise et encadrée, elle peut s'avérer source de transformations profondes, offrant la possibilité de progrès plutôt que de dépression. Stanislav et Christina Grof, pionniers de ce domaine souvent incompris, ont utilisé le terme d'urgence spirituelle pour illustrer le danger et l'opportunité présents dans ces états.

Qu'est-ce qu'une urgence spirituelle ? Durant l'éveil de la conscience spirituelle, le processus de transformation peut devenir si dramatique qu'il devient ingérable et atteint un point de crise connu en tant qu'urgence spirituelle. Cela a été appelé la *nuit sombre de l'âme*, *psychose mystique*, ou *crise* en initiation chamanique ou *éveil de la Kundalini*. Une détresse spontanée, des états altérés extrêmes, une surcharge chaotique des sens, un afflux d'énergie excessive et une conscience psychique caractérisent l'état de crise de l'urgence spirituelle. Les épisodes ont souvent des thèmes incluant celui de l'égo ou de la mort psychologique et la renaissance, des sentiments de faire un avec la nature ou l'univers et des rencontres avec différents êtres divins ou mythiques.

Par contraste, une émergence spirituelle est un processus naturel qui peut évoluer progressivement sur une période de temps ou spontanément après une expérience transcendentale intense. Elle est souvent fluide et circule en harmonie avec les souhaits de la personne en ce qui concerne la rapidité et l'intensité de son développement et de son éveil spirituel. Une émergence entraîne la conscience d'une connexion plus profonde avec les autres, la nature et le cosmos.

Durant un épisode d'urgence spirituelle, un individu peut faire l'expérience d'une ou plusieurs des occurences suivantes :

- Etre bombardé d'expériences internes
- Etre bousculé dans de vieilles croyances ou façons d'être
- Trouver difficile de gérer les demandes quotidiennes de la vie
- Avoir des difficultés à faire la différence entre les visions du monde intérieur et le monde extérieur de la réalité quotidienne
- Faire l'expérience corporelle de sensations physiques d'énergies brutales
- Sentir un besoin fort de communiquer ses expériences
- Avoir l'air d'être décalé par rapport à la réalité, incohérent ou messianique.

Il est très compliqué pour un individu se trouvant en pleine crise de se diriger seul au milieu de la tempête. Il a à endurer des expériences douloureuses et déroutantes, ne sachant pas à quel moment elles vont survenir, n'étant pas capable de les contrôler et ayant à faire à une peur intense souvent associée à l'urgence spirituelle. Avec du soutien, de la compréhension, des techniques et stratégies, une crise peut évoluer en un état plus stable et une situation d'émergence contrôlée. Alors, le processus de guérison et de transformation peut continuer en sécurité, à la vitesse et selon l'intensité voulues par l'individu.

L'état d'urgence pour certains peut être une expérience extrêmement libératrice. Le conditionnement culturel et social sont questionnés et rejetés activement. Beaucoup découvrent comment surmonter et dépasser leur égo personnel. Ils peuvent faire l'expérience de la mort de l'égo et la perte du soi pendant ce processus, pour émerger finalement rayonnants et renouvelés, ayant transcendé la peur pour arriver à un nouvel espace de liberté émotionnelle.

Pour d'autres, l'expérience se présente comme un cauchemar permanent. Le trophée est juste hors de leur portée alors qu'ils se bataillent avec leurs expériences et la survie de base, essayant de conserver une cohérence entre le mental, le corps et l'âme. Une fois que l'on est victorieux, le monde semble être un endroit très différent. Les priorités et les circonstances dans la vie changent, tandis que les anciennes façons de faire ne sont plus tolérées. Une transformation peut se produire dans chaque aspect de leur vie au plan externe, comme au plan interne. Tout comme l'aube d'un nouveau jour annonce une nouvelle vie, de nouvelles expériences et des opportunités de changement, la même chose se produit avec l'aube de la conscience.

La transition entre l'urgence et l'émergence permet une plus grande appréciation et compréhension de l'état éveillé de conscience sans la nature chaotique et aléatoire des expériences antérieures spontanées. L'individu va pouvoir explorer en sécurité et travailler activement avec cet état élevé et élargi de conscience, tout en apprenant, guérissant et s'agrandissant. Cela peut être un parcours qui inspire l'humilité et l'émerveillement. Le chemin peut être long et cahoteux mais il y a un horizon radieux qui s'annonce.

Compréhension de l'urgence spirituelle dans l'histoire

A travers les siècles la *folie divine* était pratiquement un rite de passage dans de nombreuses cultures et religions. Ensuite, la personne recevait le soutien de sa communauté et de ceux qui avaient fait le chemin avant elle. Ils révélaient de la sagesse, de la guidance et de l'assistance au travers de cette expérience transformatrice. De génération en génération le cycle naturel de connaissance passait de l'enseignant à l'étudiant. Avec une richesse de connaissances et de compréhension, le passage de l'éveil pouvait être soutenu du début à la fin. Ceux qui étaient confrontés à l'urgence étaient traités avec respect, amour et soutien. Leurs communautés comprenaient que quelque chose de spécial et de transformateur se produisait, un cadeau de source divine. Tous les efforts étaient faits pour soutenir l'individu sur son chemin, y compris en les célébrant une fois que c'était terminé et en les accueillant de nouveau dans leurs communautés. Ils étaient reconnus comme ayant changé et leur renaissance dans le monde en tant qu'âme plus éveillée était célébrée.

Dans les derniers siècles, le monde a appris beaucoup sur la dimension physique grâce à la science. Science et preuve cheminent main dans la main et il semble que la culture occidentale ait intégré la méfiance et le rejet des choses qui ne peuvent pas être prouvées scientifiquement dans des laboratoires.

Ceci inclut les connaissances séculaires au sujet de l'urgence spirituelle et des méthodes appropriées pour aider les âmes à la traverser. Il y a une immense richesse d'informations pertinentes pour documenter l'émergence spirituelle et les moments de crise dans chaque religion et chaque culture. Cela est reconnu encore et encore dans les arts ; des géants de la littérature comme Shakespeare et Wordsworth ont écrit à ce propos.

Malheureusement, de nos jours, ceux qui vivent une émergence spirituelle et connaissent une période de crise ou d'urgence spirituelle peuvent être faussement diagnostiqués par des professionnels de la santé comme souffrant d'une maladie ou d'un trouble mental du fait de la similarité des symptômes. Les médecins et les professionnels de la santé mentale qui travaillent en vue d'un diagnostic strict cartographié dans le DSM (*Diagnostic and Statistical Manual of Mental Disorders - Manuel diagnostique et statistique des troubles mentaux*), sans prendre en compte la dimension spirituelle ou transpersonnelle dans leur diagnostic, peuvent très bien le classer dans la catégorie de la psychose, du comportement délirant ou de la schizophrénie, ou autres.

Après bien des recherches le psychologue américain David Lukoff a établi récemment un nouveau diagnostic de *problème religieux ou spirituel* dans le DSM IV. Ceci pourrait annoncer pour le futur un changement important de perception et de compréhension des personnes qui souffrent par ceux qui travaillent dans le domaine de la santé mentale et une conscience accrue de l'urgence spirituelle. Cela permettra de nouvelles stratégies et protocoles de traitement dans la pratique de la santé mentale pour soulager et stabiliser les symptômes avec l'utilisation minimum de médicaments et d'étiquettes stigmatisantes inutiles.

La planète évolue et nous aussi. L'influence d'un rapide changement énergétique a des chances de produire des cas d'émergence et d'urgence spirituelle de manière plus fréquente. Les professionnels de la santé mentale et les thérapeutes doivent savoir comment assister de manière efficace ceux qui se trouvent au milieu d'une crise, en permettant à un processus de transformation positive et de guérison de se mettre en place jusqu'à leur finalisation. Si l'urgence spirituelle est supprimée par les médicaments ou un manque de compréhension et de soutien, elle peut traîner indéfiniment et causer un risque accru de problèmes de santé mentale, émotionnelle et physique.

Causes de l'urgence spirituelle

N'importe lequel des thèmes courants ci-dessous peut mener à une urgence spirituelle, spontanément ou sur la durée :

Experiences de vies passées
Le contenu de ces vies non résolu et non guéri peut mener à une crise.

Énergie parasite
Elle se mêle au champ énergétique et peut influencer la vie de son hôte.

Expériences de mort imminente (EMI) et accouchement
Des expériences de nouvelle vie et de mort mettent les personnes en contact avec leur mortalité physique et leur capacité à la transcender.

Etats de conscience altérés par l'effet des drogues
L'utilisation de substances pour des expériences d'expansion de conscience, telles que : des drogues psychoactives comme

l'alcool, les opiacées, les hallucinogènes des cultures indigènes comme les champignons magiques, l'ayahuasca péruvienne, les drogues psychédéliques comme le LSD et la DMT, et les drogues récréatives comme le cannabis (plusieurs formes hybrides et de cultures croisées de marijuana appelées skunk sont susceptibles de causer de la paranoïa et un état de crise).

Crise d'ouverture médiumnique
Etats altérés de conscience, expériences hors du corps, phénomènes psychiques, canalisation, télépathie, clairvoyance, clair-audience, perception extra-sensorielle.

Pratique spirituelle et expérience mystique spontanée
L'utilisation intensive de pratiques spirituelles ou religieuses comme la méditation ou la prière. Egalement des expériences maximales où la personne se sent plus vivante et plus "complète" que d'ordinaire. Celles-ci peuvent être des expériences mystiques ou divines, bien qu'une expérience maximale puisse aussi se produire dans des moments de stimulus emotionel et physique intense.

Eveil de la kundalini
Activer l'énergie en sommeil du *serpent enroulé* peut mener à une surcharge sensorielle extrême incluant des sensations physiques telles qu'un feu dévastateur qui brûle le sujet.

Crise Chamanique
Durant un voyage dans le monde "d'en dessous" et faire des expériences déplaisantes de mort ou d'annihilation.

Mort de l'égo et nuit de l'âme
La dissolution et la perte de soi, ainsi qu'une détresse infinie d'expérience *de mort* tandis que l'égo meurt et qu'une renaissance essaye de se produire.

Renouveau psychologique au travers d'un archétype central
Sur-identification avec les pouvoirs du bien contre le mal et des forces cosmiques, avec la conviction que l'issue est essentielle pour le monde..

Enlèvement par des extra-terrestres et rencontre avec des OVNI ou des extra-terrestres
Les pensées liées à cela sont accompagnées de stress et souvent de peur.

Stress extrême, choc émotionnel ou physique ou traumatisme
Ceci peut mener à une crise spirituelle spontanée tandis que l'énergie bloquée explose.

L'une des raisons pour lesquelles des urgences spirituelles se produisent de plus en plus en occident est qu'il y a un intérêt croissant envers les traditions spirituelles du monde entier. Ceci peu mener à une approche d'amateur où l'on pratique sans le soutien et la guidance d'enseignants hautements expérimentés dans un environnement d'accompagnement sécurisé.

Mysticisme et Psychose

Une question qui mérite d'être posée est comment peut-on différencier une urgence spirituelle d'une psychose. Parce que le terme psychose n'est pas défini avec exactitude, une distinction claire n'est pas toujours possible. Dans son livre *A la recherche de soi*,[1] le psychiatre et pionnier de ce domaine Stanislav Grof apporte des recommandations pour déterminer quand il faut traiter un client qui souffre des symptômes d'une urgence spirituelle et quand l'adresser à un professionnel de la santé mentale.

Les personnes qui vivent une urgence spirituelle sont réfléchis et conscients que les changements dans leur expérience sont dus à leur expérience interne personnelle, même s'ils n'arrivent pas à la contrôler. Ils peuvent être perplexes et confus mais démontrent une envie de recevoir de l'aide et des conseils. Un exemple de cela est : "j'ai des images qui semblent venir d'une autre culture et d'un autre temps comme si je les revivais, alors que je ne crois pas en la réincarnation. Quelques fois je vois des lumières brillantes, des esprits et des fantômes. Qu'est-ce qui m'arrive ? Est-ce que je deviens fou ?"

Ceux qui sont psychotiques peuvent souffrir d'un état paranoïaque et d'hallucinations et agissent sous son influence. Ils ne réfléchissent pas et ne peuvent pas être aidés par les conseils ou la thérapie, même si certains aspects ressemblent à une urgence spirituelle. Un exemple de ceci est : "J'ai besoin de faire connaître mon message au monde. Je travaille avec des extra-terrestres dans le vaisseau mère et ils vont détourner toutes les chaînes TV pour que mon programme puisse passer. Je les ai rencontrés la nuit dernière et ils font les dernières mises au point. Je dois sauver le monde et personne ne m'en dissuadera."

Dans le doute, il est toujours recommandable de rechercher une opinion médicale avant de poursuivre. Quelques clients ne veulent pas parler à leur médecin de peur de se faire coller une étiquette de maladie mentale, donner des médicaments ou interner. Ils peuvent se sentir gênés et ont du mal à exprimer leur expérience. Il est important qu'ils reçoivent une aide appropriée et le contrôle médical pourra éliminer d'éventuelles maladies physiques connues pour altérer la conscience. Ceci inclut l'encéphalite, la méningite et d'autres maladies infectieuses, l'athérosclérose cérébrale, les tumeurs temporales, l'urémie et d'autres maladies qui requièrent un traitement médical. Elles peuvent aussi nécessiter une évaluation de santé mentale.

IDENTIFIER UNE URGENCE SPIRITUELLE

On doit procéder avec beaucoup de précautions lorsque l'on identifie une urgence spirituelle et que l'on prend la décision de travailler avec le client. Si le thérapeute n'est pas un médecin ou un professionnel de la santé mentale, il est conseillé de s'assurer que le client consulte son médecin. L'information qui suit provient du livre de Grof *A la recherche de soi*. Ce sont les critères pour différencier une urgence spirituelle d'une émergence spirituelle ou de toute autre expérience transpersonnelle ou transcendantale :

- La profondeur et l'intensité de l'expérience, sa fluidité et le degré avec lequel l'individu peut fonctionner dans sa vie de tous les jours.

- Son attitude envers ce qui se passe. Si le processus semble passionnant et précieux ou effrayant et accablant.

- La capacité de se sentir comme faisant partie de la société.

- Le tri effectué sur les personnes avec qui il peut discuter de l'expérience et le langage utilisé.

Une urgence spirituelle doit être différenciée des maladies mentales et médicales lorsqu'on se demande si l'on peut travailler avec le client. A la question de savoir si l'on a affaire à une urgence spirituelle, les indices en faveur de celle-ci sont :

- Condition psychologique raisonnable précédent l'épisode.

- La capacité de considérer que le processus puisse venir de son propre psychisme.

- Suffisamment de confiance et d'entente pour coopérer et une envie de respecter les règles de bases du traitement ainsi que les limites.

Attention ou éviter lorsque :

- Il y a un historique de difficultés psychologiques et d'intégration sociale.

- Le contenu de l'expérience est présenté de manière médiocre et confuse, symptômes de schizophrénie, de forts indices de comportement maniaque, recours systématique à la projection ou présence de voix persécutoires et d'hallucinations.

MA PROPRE URGENCE SPIRITUELLE

Pour illustrer comment une urgence spirituelle de longue durée peut être ressentie par la personne et vue par le monde extérieur, j'ai inclus ici ma propre expérience.

En grandissant j'ai vécu entre deux mondes, c'est en tous cas ce qu'il me semblait – d'un côté, celui que ma famille voyait, et de l'autre, celui qu'elle ne voyait pas. Je ressentais des changements d'énergie et percevais ce qui avait l'air d'être d'autres époques ou d'autres dimensions. Des esprits de tous les niveaux vibratoires apparaissaient dans notre maison et beaucoup d'entre eux essayaient de communiquer. Mon préféré était un ancêtre excentrique qui portait un chapeau haut de forme, avait un singe perché sur son épaule et me racontait des histoires de cirque tous les soirs au moment du coucher. Mon souvenir le plus ancien est d'avoir été debout dans mon petit lit, tandis qu'une dame élégante habillée en vêtements des années 50, gazouillait et me réconfortait jusqu'à ce que ma mère arrive. Des années plus tard, j'ai découvert qu'il s'agissait probablement d'une parente morte depuis longtemps. Je ne sais pas quand mon émergence spirituelle a commencé, donc je ne peux qu'imaginer être née comme cela.

Cela pourrait avoir l'air d'une enfance idyllique. Née ouverte et réceptive, consciente instinctivement que les limites de temps, d'espace et même de la mort n'existent pas. Au courant des secrets spirituels tandis que la sagesse se téléchargeait ou tombait littéralement dans mon esprit, même si je n'en comprenais pas le sens ou n'étais pas capable de la mettre en mots.

Je m'aperçus bientôt que ma famille ne partageait aucune de ces expériences. Je me sentais gênée d'être différente et consciente que quelque chose n'allait pas. Au début, on me dit que j'avais une imagination débordante, que j'étais une rêveuse, trop sensible ou juste sotte. De plus en plus, je me mis à garder mes expériences pour moi et ne partageai que celles qui étaient dramatiques et ne pouvaient pas être cachées. C'est à ce moment que les réactions de ma famille s'aggravèrent. Des insinuations de tout inventer, d'agir comme une gamine ou d'être stupide me laissèrent l'impression d'être anormale. Je les sentis s'éloigner et me considérer comme s'ils ne me reconnaissaient pas, ou pire, avec dégoût ou peur. Rétrospectivement, ma famille n'avait aucune connaissance de ces choses, ne voulait pas encourager ce genre de comportement étrange et pensait que le déni était la meilleure attitude à avoir. Particulièrement, parce qu'ils n'avaient pas devant eux des preuves qui auraient pu renverser leurs croyances essentielles et leur compréhension de la façon dont le monde fonctionnait. Ils m'aimaient, mais ne savaient pas comment s'y prendre pour m'aider.

J'ai grandi marchant sur un fil entre ce dont je me disais que c'était *vrai* et ce qui ne l'était pas. J'essayais de vivre seulement dans le monde que mes amis et ma famille voyaient, et ne parlais à personne de mes expériences, bien qu'il devint de plus en plus difficile de les distinguer du monde réel. En y repensant, cela me procurait un stress évident. Vers l'âge de 9 ou 10 ans, je ne pouvais plus me concentrer sur mon travail scolaire et mes notes étaient consternantes. J'avais arraché tous mes cils et vivais dans la peur de ce qui allait se produire dans le futur. Il semblait que tous les esprits s'étaient tournés contre moi. Ceux qui étaient amicaux ne venaient jamais, seulement ceux qui étaient en détresse, ceux qui semblaient aussi effrayés que moi. Des doigts invisibles me palpaient et s'enfonçaient, et l'un d'entre eux me poussa même en bas des escaliers.

Mon émergence s'était transformée en urgence. Mes deux mondes commencèrent à se confondre en un seul. J'étais tourmentée par des prémonitions, couchée dans mon lit, les yeux grands ouverts à regarder une forêt en feu ou un hélicoptère s'écraser, alors que tout cela semblait se dérouler dans ma chambre, et ensuite voir les mêmes images passer au journal télévisé quelques jours plus tard. Bien que n'en ayant pas conscience à ce moment-là, ma propre énergie intense et fracassée commençait d'elle-même à faire des ravages. J'entrais dans une pièce et les objets commençaient à bouger, les rideaux ondulaient bien que les fenêtres furent fermées. En résumé, je me mis à avoir peur de mon ombre, narguée par des expériences que je ne comprenais pas et me mis à craindre pour ma santé mentale.

Je finis par confier à une amie que des noms et des dates me venaient continuellement en tête. Elle suggéra alors que je les mette par écrit même s'ils avaient l'air sans importance. Puis, un jour nous reçûmes par la poste un arbre généalogique d'une partie de la famille éloignée. Tandis que la famille examinait le document et remontait la lignée familiale jusqu'aux années 1700, il y eut deux noms d'ancêtres avec leurs dates de naissance et de mort que j'avais relevées – Sarah, une mère, et Richard, le fils. Je pouvais les voir clairement et décrire en détail leur maison de famille, ainsi que je les avais vus dans ma vision intérieure pendant des semaines. Mon père trouva un livre avec des images et des photos de leur grande maison de famille. Soudain, mes visions prenaient forme dans la réalité, des preuves que cela ne se passait pas seulement dans mon esprit et difficiles à nier.

A peu près au même moment, j'eus deux expériences terrifiantes. La première se produisit quand je me sentis proche de la mort tandis que j'étais dans mon lit, piégée dans une autre dimension, faisant face à une attaque. J'étais pétrifiée et trop effrayée pour me rendormir, alors que ma famille était secouée aussi. A cette époque, deux d'entre eux avaient rêvé que j'étais en danger imminent et qu'ils ne pouvaient pas m'aider. Le second épisode arriva alors que j'étais chez une amie et qu'une entité prit le contrôle total de mon corps. J'étais allongée, rigide, sur le lit et ne pouvait pas bouger, tandis qu'une énergie masculine utilisait ma voix pour transmettre un message pour une camarade d'école. Il avait abusé d'elle et voulait demander pardon avant de poursuivre son chemin. Il me montra les souvenirs de ce qu'il avait fait et il me fut impossible de l'arrêter. C'étaient des visions qu'un enfant ne devrait pas voir et encore moins expérimenter.

Les expériences surnaturelles continuèrent sans relâche, éveillée ou endormie, en compagnie ou seule. Je devins une experte dans l'art d'ignorer toutes sortes d'expériences qui se produisaient tandis que je tenais une conversation en famille ou que je regardais la télévision. De l'extérieur, j'avais l'air silencieuse, nerveuse et tournée sur mon univers intérieur – littéralement. De l'intérieur, j'étais prête à tout pour normaliser mon expérience. Un autre monde, ou dimension s'était apparemment superposé au mien et je vivais en quelque sorte dans les deux.

Un jour, alors que j'étais dans ma chambre, essayant de me concentrer sur mes devoirs, je vis une scène forestière, quelque chose que j'avais expérimenté auparavant de manière moindre. Cette fois-ci j'étais dedans, totalement et complètement. Mon *vrai* monde s'effaçait dans l'arrière plan et la peur que je pourrais ne jamais revenir monta douloureusement en moi. Je descendis lentement au rez de chaussée, voyant la forêt, mais sentant le mur et me concentrant sur les bruits de la maison, dont je savais qu'ils étaient réels. Terrifiée et convaincue que la folie avait finalement eu raison de moi, je dis à ma mère que j'avais besoin d'aller à l'hôpital psychiatrique. Je me souviens que je ressentais le besoin d'être internée pour ma sécurité et celle des autres. A ce moment, je m'étais quelque peu perdue, j'avais perdu tout sens de la réalité ainsi que le cadre de référence et les concepts avec lesquels nous humains, vivons. Ma mère, bien que choquée, eu le mérite d'apprécier combien j'étais effrayée et d'estimer que la situation ne pouvait pas être ignorée plus longtemps. Au lieu de m'emener chez le médecin ou dans une unité psychiatrique, elle me conduisit chez une voisine, une médium respectée de 90 ans qui me salua chaleureusement, en expliquant qu'elle m'attendait depuis que j'étais née.

Il fallut encore trois mois pour transformer efficacement mon urgence spirituelle en quelque chose de plus bénin et que je me sente de plus en plus confiante pour m'en sortir seule.

La médium était une âme sage et éclairée qui m'expliqua doucement et calmement que mes expériences avaient été considérées comme normales par de nombreuses personnes dans l'histoire et dans d'autres cultures et religions. Elle m'aida à comprendre ce qui se passait, pourquoi je les vivais, la structure de base de la dimension spirituelle ainsi que la transcendance de notre conscience. C'est autour de nombreuses tasses de thé qu'elle valida mes expériences, tranquillisa ma mère et nous fit part de nombreuses connaissances et d'une grande sagesse avec humour, chaleur et surtout en les normalisant.

Bientôt, elle fit appel aux services de la SAGB (Spiritualist Association of Great Britain - Association Spiritualiste de Grande Bretagne). Lors d'une réunion à leur siège, un groupe de médiums expérimentés confirma que j'avais un *don* mais étais, du point de vue énergétique, largement ouverte. Ils me proposèrent gentiment de me former. Ceci était inhabituel pour quelqu'un de si jeune, mais sembla approprié eu égard à mon historique. Toute excitée, j'appris à bloquer le don et je refusai fermement d'entreprendre une quelconque autre formation. Ils essayèrent de me dissuader, car bloquer l'énergie à long terme ou toute autre forme d'inhibition peut s'avérer détrimentale pour le mental, le corps et l'esprit. Je passai outre leurs conseils, trop soulagée de découvrir que je pouvais empêcher ces expériences de se produire.

Une fois que je commençai à me relaxer et à leur faire confiance, ces techniques marchèrent de mieux en mieux. Il s'agissait d'exercices de méditation, visualisation, blocage et protection suivis par des prières de demande d'aide. Je les faisais matin et soir et je fus finalement en mesure de contrôler mon énergie et mes perceptions extra-sensorielles. Cependant, à cause de ma peur sous-jacente, je créai par inadvertence une coquille de protection permanente, comme un bloc de béton autour de mon champ énergétique, avec l'intention que rien ne puisse la pénétrer.

Les expériences spirituelles étaient maintenant dans le passé. J'étais soulagée au delà de toute attente et devins une adolescente ordinaire. Cependant, il m'arrivait souvent de pleurer la nuit durant des semaines, sans savoir pourquoi. J'avais fermé la porte sur une partie de ma vie et l'avait exclue comme un épisode embarrrassant et regrettable appartenant au passé. Plus tard, j'essayai de me convaincre que ces expériences étaient imaginaires et même ignorai souvent les preuves irréfutables du contraire. Il fallait maintenant que j'apprenne à me connaître.

Pendant les années suivantes, des incidents mystérieux déclenchèrent une expérience totale et imagée. J'élevai mon niveau de blocage et protection et priai pour que cela ne se reproduise pas. Je prétendais qu'une partie de ma vie n'existait pas et de fait, choisis de l'ignorer plutôt que d'en parler à un expert de ces expériences.

A 16 ans, je quittai l'école. C'était dans les années 1980 et une époque florissante pour le centre financier de Londres. Je fus embauchée dans une banque majeure et la vie était plaisante. Ma vie normale continua pendant encore deux ans, jusqu'à ce que je soit diagnostiquée d'un Syndrome de Fatigue Chronique après une grippe qui n'en finissait pas. Il s'agit d'un épuisement physique et mental écrasant qui ne s'améliore pas avec du repos. A ce moment, je me sentais très mal et je souffris pendant plus de deux ans de ces symptômes. Rétrospectivement, il s'agissait d'un tournant qui me permit de me renseigner sur la santé alternative et de prendre conscience de la nature stagnante de mon énergie. Il y a des cas d'Encéphalomyélite Myalgique et de Syndrome de Fatigue Chronique qui sont liés à l'urgence spirituelle. Dans mon cas la fatigue était amplifiée par ma façon rigoureuse de bloquer mon énergie, qui ne permettait à aucune nouvelle énergie de passer. Il n'y avait pas de moyen pour mon énergie de s'exprimer.

Les années suivantes des expériences surnaturelles continuèrent à se produire, ce qui me conduisit à rechercher, me développer et me former dans un certain nombre de disciplines comme l'énergie, le développement psychique, la guérison spirituelle, la canalisation, les énergies terrestres, la libération d'entités spirituelles et la thérapie de régression. Grâce à cela, je fus libérée du risque d'entrer à nouveau dans l'état d'*urgence* et je pus également aider les autres. J'avais beaucoup appris de ma propre métamorphose – ce qui marchait bien et ce qui ne marchait pas, les pièges et le soutien nécessaire.

Je rencontrai de plus en plus de clients qui traversaient une urgence spirituelle. Je me suis inspirée de ma propre expérience et du travail de Stanislov et Christina Grof pour créer un cadre et des lignes directrices pour aider les clients qui font l'expérience d'une urgence spirituelle.

Techniques et stratégies pour surmonter une urgence spirituelle

Normaliser l'expérience

La première étape est de reconnaître et de valider les expériences. De nombreuses personnes en crise ont l'impression que personne d'autre avant eux n'a vécu ce qu'ils vivent. C'est très rassurant pour eux de savoir que d'autres gens ont vécu la même chose durant une crise. Un soutien continu et de la communication durant les expériences sont très utiles et permettent du temps à l'individu pour prendre conscience de ce qui se passe et pourquoi.

Cesser les pratiques spirituelles

Il est conseiller d'arrêter toutes les pratiques spirituelles jusqu'au moment où l'énergie du client et la crise sont stabilisées.

Nettoyer les énergies intrusives

Vérifier s'il y a des énergies intrusives et en nettoyer autant que possible sans impliquer le client consciemment. Si le client est dans un état énergétique instable, je recommande d'utiliser seulement des méthodes intuitives, qui ne demandent pas au client de s'impliquer, comme demander l'aide de guides spirituels et la technique de nettoyage des énergies sombres décrite au chapitre 2. Ne tentez pas de converser avec une énergie parasite au travers du client lorsque celui-ci est instable énergétiquement.

Gestion de l'énergie

Dans la vie, nous avons tendance à observer une routine quotidienne pour prendre soin de notre corps, le reposer, le nettoyer, le nourrir, le ressourcer et le protéger des éléments. La même chose devrait s'appliquer à notre corps énergétique. Bien que nous ne puissions pas voir notre énergie, nous n'en devenons que trop conscients lorsqu'elle se déséquilibre, permettant la maladie et toutes sortes de désordres physiques, émotionnels, mentaux et spirituels de se produire. L'énergie circule naturellement en nous et au travers de nous, constamment, nécessitant un équilibre subtil entre l'énergie du corps, de l'esprit et les influences énergétiques extérieures. Plus nous devenons ouverts ou éveillés, plus nous accroissons notre sensibilité à toutes les énergies, à toutes les vibrations qui peuvent affecter cet équilibre délicat, de manière légère ou dramatique.

Un éveil et une démarche vers un allègement de notre corps énergétique arrive de manière globale. Les corps énergétiques devenant plus légers, il est probable que des opportunités ainsi que des pièges seront rencontrés au niveau énergétique. Peut-être est-ce une autre raison pour laquelle nous voyons le nombre d'urgences spirituelles augmenter.

La gestion de l'énergie se focalise sur le fait de prendre soin et surveiller notre corps énergétique. Nous satisfaisons les besoins de notre corps physique, donc il va de soi de traiter notre corps énergétique avec le même niveau d'attention, de soin et de respect.

Ici, je me concentrerai sur les points essentiels d'ancrage et de protection, cruciaux à la stabilisation et le soutien en cas de crise énergétique. Les autres domaines de la gestion énergétique que vous pouvez explorer sont le nettoyage, l'équilibrage, la guérison, la conscience des chakras, l'ouverture et la fermeture énergétique. Le livre de Sue Allen *Spirit Release: A Practical Handbook* [2] (non traduit en français) inclut un excellent chapitre sur la gestion de l'énergie.

Ancrage

L'ancrage a pour but de nous ramener littéralement *au sol* en rétablissant notre connection à la terre et en concentrant notre attention sur le moment présent, pour nous réincorporer. Cela est utile pour maintenir un équilibre entre nos corps physique et spirituel. Lorsque nous ne sommes par ancrés, nous pouvons nous sentir déconnectés et flottants. Etre ouverts énergétiquement sans être ancrés est, à mon sens, une invitation aux problèmes. Nous vivons des vies humaines avec des corps physiques et avons besoin de maintenir un équilibre énergétique pour notre bien-être physique et spirituel.

L'ancrage est intrinsèquement lié au rôle du chakra racine, le site énergétique situé à la base de colonne vertébrale, appelé Muladhara en Sanskrit. Des chemins énergétiques passent par ce chakra comme les racines d'un arbre qui se prolongent vers le sol pour nous ancrer. Il est associé à l'élément terre, le sens de l'odorat et l'action d'excrétion. Sa fonction est d'agir comme un baromètre et de répondre aux problèmes reliés à la survie, la santé et la forme physique, l'ancrage, la stabilité et la sécurité. On dit que lorsque l'on est déséquilibré, des symptômes comme un mental distrait, une sensation de flottement, de la léthargie mentale, être incapable d'être tranquille et avoir de la difficulté à accomplir ses buts se produisent. Il est évident que des problèmes peuvent se produire n'importe quand par manque d'ancrage. Le chakra racine souligne l'importance d'être ancré dans l'ici et maintenant.

Lorsque vous choisissez et développez vos propres techniques d'ancrage, vous pouvez incorporer des aspects liés au chakra racine pour soutenir et compléter le processus d'ancrage. J'ai inclus la majorité de ces caractéristiques dans les exercices d'ancrage suggérés plus loin dans le chapitre.

Ancrage et urgence spirituelle

Pour stabiliser et démarrer le processus de changement d'un état d'urgence à un état d'émergence, l'ancrage est essentiel. Il pose les blocs sur lesquels des fondations fermes seront construites, de façon à soutenir le reste du travail.

Dans les moments d'urgence spirituelle ou de crise le corps énergétique est fracturé, imprévisible, absorbant et expulsant de l'énergie. Les chakras ou centres énergétiques sont désynchronisés, le chakra racine associé à notre connexion avec la terre peut être bloqué ou fonctionnant faiblement et le chakra couronne au sommet de la tête est probablement largement ouvert. Souvent, durant une crise, il y a un excès d'énergie qui peut être ressenti physiquement. Ceux qui ont fait l'expérience de cette énergie l'ont décrite comme une sensation de pulsation ou des chocs électriques intenses ou bien comme des tremblements qui retentissent dans tout le corps. Le corps énergétique ressent une sensibilité accrue ainsi qu'une vulnérabilité à l'environnement et à l'énergie intrusive, récupérant toutes sortes de débris énergétiques. Les personnes deviennent extrêmement sensibles et sont affectées par tout, des radiations électromagnétiques d'ordinateurs, des téléphones portables et des lignes électriques jusqu'aux vibrations infimes des objets. Elles peuvent ressentir les niveaux extrêmes d'émotions et de pensées d'autres personnes, car elles sont indirectement comme l'oeil de la tornade et attirent les énergies dans leur propre champ énergétique.

La plupart d'entre nous a expérimenté une version amoindrie de cela dans le passé : lorsque nous sommes au milieu d'une foule, dans un métro bondé de passagers épuisés de leur journée de travail, ou dans une longue file d'attente, par exemple. On réalise soudain que l'on ressent plus d'émotions négatives qu'auparavant, peut-être de l'anxiété ou de la frustration, et on réalise que l'on a puisé dans le sentiment collectif de ceux qui nous entourent. En revenant vers le moment présent et en s'ancrant, on peut rapidement se défaire du sentiment et revenir à soi. Pour ceux qui sont en crise le sentiment peut être cent ou même mille fois plus intense et ils peuvent être complètement submergés – la confusion, la peur et la panique liées au bombardement de sentiments des autres. S'ils ne savent pas comment maîtriser et ancrer les énergies, le cycle va naturellement continuer et s'accroître. La protection de son énergie, dont je discuterai plus tard, joue un rôle significatif dans la gestion de l'énergie et accompagne l'ancrage en prévention de ce genre d'occurences. La première et plus importante étape est d'ancrer son énergie.

Les épisodes d'urgence spirituelle peuvent être effrayants et déroutants. Ils peuvent aussi comprendre des moments extatiques et de transcendance. Nous pouvons ainsi rencontrer de la résistance ou de la peur sous-jacente lorsque nous discutons du besoin d'ancrage avec quelqu'un en crise. Même au milieu d'une urgence spirituelle, un client peut être réticent ou ne pas vouloir être complètement dans son corps. Cela peut être dû à la peur de perdre les quelques accès ou sentiments d'éveil, ou peut-être ne se sent-il pas en sécurté dans son corps à cause de traumatismes physiques non résolus, de peur ou d'abus.

Ceux qui ont activement travaillé à ouvrir leur sensibilité ou à développer des aspects latents de leur corps énergétique, comme éveiller l'énergie de la Kundalini, peuvent être particulièrement résistants à ancrer et maîtriser leur énergie. Au final, la décision leur appartient, on ne peut pas forcer un ancrage sur quelqu'un. Cependant, elle est la véritable fondation pour transformer avec succès une urgence spirituelle en émergence. Traitez et apaisez les peurs qui peuvent se présenter et attirez l'attention de la personne sur les aspects positifs et les bénéfices à long terme de s'ancrer de manière régulière, à la fois sur leur santé et sur la qualité de leur travail énergétique, ainsi que sur la possibilité d'un éveil en toute sécurité une fois que la crise sera passée.

Avant de discuter des exercices qui sont les plus appropriés pour quelqu'un en crise, nous allons d'abord envisager le rôle de la pleine conscience dans l'ancrage et pourquoi elle est une caractéristique importante pour s'assurer que les exercices sont totalement efficaces et pas seulement un processus que l'on accomplit pendant que le mental reste à des kilomètres dans une autre expérience.

La pleine conscience

La pleine conscience prend racine dans la philosophie bouddhiste et est une conscience attentive de la réalité du moment présent. Sa simplicité et son efficacité comme outil de gestion de pas mal de conditions lui a donné sa valeur pour être incluse à la médecine occidentale et est utilisée maintenant dans les systèmes de santé au Royaume-Uni et aux Etats-Unis. Associée à l'ancrage, la pleine conscience peut être incroyablement efficace dans beaucoup de situations. Elle a la réputation d'être particulièrement efficace durant les dissociations, paniques, pulsions particulièrement fortes, hallucinations, angoisses sévères et détresses émotionnelles intenses. Comme une crise spirituelle peut comporter un ou plusieurs de ces symptômes, associer des instructions simples de pleine conscience améliorera beaucoup les résultats que l'on observera en enseignant des techniques d'ancrage.

La pleine conscience se produit lorsque nous sommes focalisés sur le moment présent en utilisant nos cinq sens pour faire l'expérience de tout ce qui constitue le moment dans lequel nous nous trouvons, quelque soit sa nature banale ou sans conséquence. Par exemple, si nous sommes en train d'effectuer une corvée routinière, comme laver sa voiture, si l'on utilise la pleine conscience, on est concentré uniquement sur la tâche à accomplir. Tous les sens sont engagés dans le moment présent et nous ne pensons à rien d'autre. Nous sommes focalisés sur la température de l'eau savonneuse, la manière dont nous passons l'éponge mouillée sur la voiture, nos pieds bien posés sur le sol, les actions de notre corps alors que nous bougeons ou nous nous étirons, les sons qui nous parviennent, l'odeur du détergent et la brillance de la carrosserie que l'on astique. Lorsque notre attention est seulement dans le moment présent et que toutes les pensées sont concentrées sur les détails que nos sens perçoivent, nous sommes naturellement incarnés et mettons hors de notre mental les pensées intrusives.

Dans son livre *In Case of Spiritual Emergency*[3] (non traduit en français), Catherine Lucas attribue à la pleine conscience le mérite d'avoir résolu son propre cas d'urgence spirituelle qui a duré pendant des années ; elle conseille d'utiliser les techniques de pleine conscience pour passer avec succès la crise et atteindre l'éveil spirituel. Elle dit que la "pleine conscience peut alléger les souffrances que nous vivons" et considère que les éléments d'ancrage et de travail avec la peur intense sont les aspects les plus importants de la pleine conscience à utiliser pour aider à faire face spécifiquement à la crise spirituelle.

Pour plus d'informations sur ce sujet et sur la manière d'incorporer ces techniques dans la vie quotidienne en plus de l'ancrage, voir la liste des livres recommandés à la fin de ce chapitre.

Exercices d'ancrage

J'encourage les clients à incorporer l'ancrage dans leur routine quotidienne. Plus ils pratiquent et utilisent les techniques, plus leur énergie sera équilibrée et stable. Voici quelques exercices d'ancrage généralement appréciés. Je conseille aux clients d'en essayer plusieurs pour qu'ils en aient un certain nombre à portée de main si besoin. Le premier est un exercice simple et universel.

> Placez vos pieds au sol et concentrez vous sur les sensations des pieds et sur le sol qui se trouve dessous, lorsque vous bougez et que vous étirez et fléchissez vos pieds et orteils. Marchez et tapez du pied si vous le désirez. Engagez tous vos sens. Concentrez vous sur le sol en dessous de vous, notez sa solidité et, en même temps, prenez quelques inspirations profondes et faites descendre l'énergie dans votre corps. Vous pouvez le sentir ou tout simplement en émettre l'intention. Continuez jusqu'à ce qu'un sentiment d'équilibre revienne. Au début, cela prendra quelques minutes, mais avec de la pratique on peut le faire en quelques secondes.

Pour ceux qui se trouvent au milieu de la crise, ajouter à cela le fait d'évacuer l'excès d'énergie ou d'émotions vers le bas et les faire sortir par les pieds. Prononcer des mots d'encouragement, comme **relâche, relâche, relâche,** silencieusement ou à voix haute peut aider dans le processus. L'énergie peut être également évacuée par les paumes des mains en les appliquant au sol ou sur la terre.

Cet exercice peut être fait n'importe où, mais lorsqu'on est en crise, c'est mieux d'aller à l'extérieur et d'être en contact avec la nature, pour s'ancrer et évacuer directement dans la terre.

Tout ce qui suit peut être ajouté si besoin. J'ai inclus des exercices qui font appel à chacun des différents sens pour varier les outils d'ancrage.

Physique

- Tapotez vos membres. Cela met en route les méridiens et est un exercice de centrage. Tapotez vos bras en descendant de l'épaule au poignet, en commençant par le bras gauche, puis le droit. Puis tapoter fermement l'intérieur de chaque poignet. Passer aux jambes, en travaillant de haut en bas, tout en respirant également et doucement.
- Tapez vos mains l'une contre l'autre, en restant pleinement conscient de tout ce que vous percevez, depuis les sensations crées dans les mains et les bras, jusqu'aux sons produits, et ainsi de suite.
- Buvez un verre d'eau ou une boisson chaude avec un biscuit. La nourriture chaude et tout ce qui s'associe au chakra racine comme les protéines et la viande sont utiles pour s'ancrer.
- Faites du jardinage tout en restant pleinement conscient ; sentez la terre pendant que vous plantez ou creusez.
- Nettoyer ou procéder à d'autres corvées physiques comme de la décoration peuvent aider à ancrer si vous vous focalisez sur l'aspect de pleine conscience de chaque tâche et puisez l'énergie par vos pieds avant tout.
- L'exercice physique est une excellent moyen de s'ancrer, toujours en restant pleinement conscient. Faites une longue marche ou allez courir dans un parc ou dans un environnement naturel comme des bois ou une plage.

- Lorsque vous êtes dans la nature connectez-vous à elle, appuyez votre dos à un arbre ou, si vous le désirez, enlacez l'arbre. Utilisez vos paumes et vos pieds, en vous concentrant sur le sentiment d'être relié à la terre.
- Simplement, allongez-vous sur le sol et sentez votre lien sur toute la longueur de votre corps.

Dans les moments de dissociation importante et d'expérience pénible, utiliser le sens physique du toucher peut s'avérer être le moyen le plus approprié pour se sentir incarné et l'ancrage peut être réalisé rapidement et efficacement. Pour les occasions où l'ancrage est particulièrement difficile, des activités alternatives sont de prendre une douche froide ou placer un élastique au poignet et le faire claquer contre la peau. Cela ramène l'attention rapidement au corps, ici et maintenant.

Visuel

Une fois que vous avez établi votre connection avec le sol par vos pieds, prenez conscience visuellement de tout ce qui vous entoure et faite une note mentale de tout ce que vous voyez, y compris de détails banals comme un cadre qui est de travers.

Auditif

Comme pour l'approche visuelle, connectez-vous au sol d'abord, puis écoutez tous les sons que vous remarquez autour de vous. Ecoutez d'abord les nuances, les différents niveaux de son etc.

Olfactif (Odeur)

Sentir des sels était un moyen courant et efficace de gérer ce qu'on appelait communément hystérie, dans le passé. Une odeur forte peut vous faire revenir instantanément ici et maintenant, car l'odorat est associé au chakra racine. Je suggère d'expérimenter avec de l'encens et des huiles connus pour activer le chakra racine et ancrer comme le bois de cèdre, le patchouli, la myrrhe, le musc et la lavande. Si l'un d'eux ramène des souvenirs déplaisants, il vaut mieux les éviter. Vous pouvez expérimenter avec d'autres senteurs, mais essayez de ne pas utiliser des produits contenant des substances chimiques synthétiques qui peuvent être dangereuses ou induire un état modifié.

Matériels et remèdes terrestres naturels

- Cristaux : placez un cristal d'ancrage près de vos pieds ou tenez-le dans la main et demandez-lui de vous aider à vous ancrer. Essayez les bojis, l'hématite et le quartz fumé qui sont tous considérés comme d'excellentes pierres pour s'ancrer et s'enraciner. Quelques autres cristaux associés à l'équilibre du chakra racine ou base sont l'oeil de tigre, l'agathe, l'héliotrope (jaspe rouge), le grenat, le rubis et l'onyx.
- Huiles essentielles et encens : comme indiqué plus haut, l'odorat est de nature ofactive. Pour améliorer ses bénéfices, un mélange d'huiles spécifiques à l'ancrage peut être diffusé dans la pièce ou posé directement sur la peau.
- L'homéopathie et les fleurs de Bach offrent des remèdes naturels pour l'enraciment.

Incorporer un niveau d'imagination créative

Durant des épisodes de crise intenses, il est recommandé de s'enraciner en pleine conscience par l'utilisation des cinq sens physiques à l'exclusion de toute autre chose. Utiliser la créativité et le symbolisme, comme imaginer les racines d'un arbre qui partent des plantes de pieds, pourrait alors entraver le processus, car la partie créative du mental est activée. Cependant, à un moment plus stable, la visualisation peut être utile, interactive et amusante.

- A la suite du premier exercice où l'on connecte les pieds à la terre, on peut imaginer des racines, comme celles d'un arbre ancien et sage, plongeant profondément dans la terre. Ressentez la sécurité et la solidité de la terre qui vous ancre à elle et apporte des sentiments d'équilibre et de calme. Formez l'intention que toute tension et excès d'énergie quittent votre corps tandis que vous vous concentrez sur leur évacuation par les racines jusque dans la terre. Avec chaque respiration sentez la sortir encore plus, tandis que vous restez concentré sur vos pieds et devenez de plus en plus enraciné. Lorsque vous vous sentez prêt, remuez vos pieds et orteils, étirez-vous et prenez quelques respirations avant de continuer votre journée.

- Un moyen alternatif décrit par Lita de Alberdi dans son livre *Channelling*[4] (non-traduit en français) est de "visualiser un rayon de lumière partant du bas de votre colonne vertébrale, du chakra base, jusque dans la terre. Sentez la connexion se faire. Cela peut être utile de visualiser un cristal au centre de la planète auquel vous vous connectez. Ressentez la lumière entrant dans le cristal et retournant vers vous".

Il est naturel pour ceux qui sont en crise et qui ne sont pas habitués à être présents dans leur corps de voir que leur mental s'égare au départ. En ramenant le mental doucement et fermement à la tâche à accomplir, il va s'égarer de moins en moins et rester complètement incarné et concentré. Le but de se connecter, s'enraciner et disperser l'energie en excès sera atteint.

Si vous mettez les fondations en place correctement, le reste suivra. Cette affirmation résume parfaitement le besoin d'ancrage que nous avons tous – *Je suis connecté à la Terre-Mère et je ressens la sécurité d'être ancré dans la réalité, dans le moment.*

Protection énergétique

Qu'est-ce que la protection énergétique et pourquoi en avons-nous besoin ? S'il pleut dehors, nous utilisons instinctivement un parapluie ou un imperméable pour éviter d'être mouillés, d'avoir les vêtements mouillés et dans certains cas d'attraper un rhume ou une grippe. Le même principe s'applique à la protection énergétique, qui est une mesure préventive pour protéger son corps physique et énergétique d'énergies denses.

Ces énergies peuvent être juste considérées comme la pluie. Lorsqu'on les voit de cette manière, la protection énergétique devient du bon sens. Il y a des gens qui suggère que l'utilisation de protection est basée sur la peur et que nous attirons plus de peur en vertu de la loi d'attraction. Pour ceux qui s'imposent une protection énergétique basée seulement sur la peur, ceci peut s'avérer correct. Je ne recommande pas d'utiliser la protection énergétique de cette manière, mais il est bon de discuter de cet aspect de peur lié à la protection, car la crise spirituelle peut entraîner des niveaux intenses de peur. Considérer la protection comme une fonction logique et pratique, comme mettre un imperméable sous la pluie, lui retire son élément de peur.

Ce ne sont pas seulement ceux qui sont en crise qui ont besoin de protection. Plusieurs de mes clients ont rencontré des problèmes qui avaient leur source dans le manque de protection, et se trouvaient sans le savoir victimes d'énergies parasites. C'est pourquoi j'enseigne un protocole de protection de base à une majorité d'entre eux. Comme pour l'ancrage, il est simple et facile à apprendre, s'il est mis en oeuvre et renforcé régulièrement. L'intention claire, comme dans toute chose, est essentielle.

Surmonter une urgence spirituelle

En raison du niveau de sensibilité énergétique et de la vulnérabilité présentes avec quelqu'un en crise, la protection énergétique est vitale pour empêcher les énergies intrusives de freiner les progrès et d'affaiblir le corps énergétique. Comme la peur a souvent été attachée dans le passé au besoin de protection, il est important d'inverser cette disposition d'esprit, en renforçant le pouvoir de l'individu en lui rappelant que son énergie est fondamentalement correcte et que c'est à lui de déterminer et permettre ce qui peut y entrer ou non. La protection est une barrière contre l'énergie intrusive, purement et simplement. Cela ne va pas empêcher ou limiter le développement spirituel.

Il existe plusieurs méthodes de protection. J'enseigne une technique basique de bulle à mes clients, que j'utilise également. Voici sa forme la plus simple :

Assis ou couché, fermez vos yeux et imaginez que vous êtes dans une bulle de lumière qui vous entoure complètement et vous contient confortablement de la tête au pieds, à environ 60 centimètres de votre corps. Visualisez et ressentez cette merveilleuse bulle de lumière et la sécurité de s'y trouver. *Formez l'intention que seulement de l'énergie positive et ce qui est pour votre bien le plus élevé puisse entrer dans la bulle. Toute énergie de nature plus basse peut s'écouler hors de la bulle à tout moment.* Prenez quelques minutes pour vous sentir complètement à l'intérieur de votre bulle ; profitez de l'expérience et du sens de sécurité tranquille qu'elle produit. Une fois que l'énergie est installée avec l'intention, vous pouvez continuer vos activités. Il est bon de mettre à jour et renforcer régulièrement votre protection énergétique. Certains personnalisent leur bulle, en choisissant une couleur ou en ajoutant des symboles de protection.

De même que la visualisation, ou d'autres barrières, comme des pyramides, des capes ou des boucliers, il existe bien d'autres techniques où l'on se sert des chakras individuels, de symboles, couleurs, cristaux, huiles et diffuseurs, ainsi que demander de l'aide d'êtres de lumière, comme les guides spirituels ou l'Archange Saint Michel.

Quelque soit la méthode utilisée, il n'est pas naturel de bloquer complètement l'énergie à l'extérieur et un flux libre doit prendre place pour la santé et le bien-être. Rendre la barrière complètement impénétrable peut conduire à une mauvaise santé ou d'autres problèmes, comme je l'ai découvert en tant qu'adolescente après avoir créé une boîte de béton autour de mon champ énergétique avec l'intention qu'aucune énergie ne puisse y pénétrer ou en sortir.

Tandis que la vibration du corps énergétique devient plus légère, il peut devenir nécessaire de changer votre méthode de protection. Ceci est complètement normal. Si une méthode ne marche pas bien, vous pouvez en expérimenter une autre.

Pratiquer l'ancrage et la protection régulièrement renforce le pouvoir de ceux qui sont en crise et les ramène à un niveau où ils peuvent contrôler et gérer leur corps énergétique. Avec ces outils, nous sommes prêts à passer à la prochaine étape pour l'urgence spirituelle.

Ouvrir et fermer

Lorsque le champ énergétique d'un client est trop ouvert, pour une période de temps prolongée, il peut devenir excessivement fatigué et sensible aux stimuli extérieurs. Apprendre à *ouvrir* et à *fermer* son énergie délibérément libère la personne et peut changer sa vie. Pour tous ceux qui travaillent avec l'énergie ou qui traversent un éveil spirituel, ces techniques simples sont précieuses. L'intention est la clé et dans sa forme la plus simple implique une expansion d'énergie à l'ouverture et une contraction à la fermeture. Cependant, le mot *fermeture* ne devrait pas être compris au sens littéral ; un retrait vers l'intérieur du champ énergétique ou un ralentissement dans la rotation des centres énergétiques est une meilleure description, car une réelle fermeture serait néfaste pour la santé et pourrait s'avérer très problématique.

Je m'enracine, me protège et m'ouvre avant de recevoir des clients, en m'assurant de me refermer une fois que c'est terminé. Il y a une plaisanterie qui circule parmi mes amis selon laquelle je suis intuitive comme une brique lorsque je suis refermée. Je fais ce choix et il est en fait bon de savoir que mon intention fonctionne et que mon énergie peut se reposer, se recharger et ne pas envahir quelqu'un par inadvertance, jusqu'à ce que je m'ouvre à nouveau. Il est important de suivre la bienséance et la déontologie dans l'utilisation de son énergie. Personnellement, je ne prend pas le risque d'empiéter sur l'énergie d'une autre personne sans y avoir été invitée. Ce n'est pas seulement dangereux, c'est aussi très impoli !

Pour une urgence spirituelle, l'ancrage et la protection sont les points essentiels, donc, enseigner l'ouverture et la fermeture est déconseillé jusqu'à ce que la période de crise initiale soit sous contrôle. Durant une période stable, les principes peuvent être enseignés avec une emphase sur la phase de fermeture/contraction de l'énergie en premier lieu. Plus tard, l'ouverture peut être abordée, lorsqu'un environnement sécurisé a été créé pour le travail énergétique, ce dont nous parlerons plus loin dans ce chapitre. Selon le niveau de crise rencontré, un enseignement et une pratique de type individuel en matière d'ouverture et de fermeture est conseillé, avant que la personne ne s'en serve seule.

Endroit intérieur sécurisé

La création d'un endroit intérieur sécurisé est utilisé pour renforcer l'égo et fournir un *conteneur* sécurisé pour le travail énergétique.

Durant un éveil spirituel, un processus de prise de conscience, de compréhension, d'évolution et de guérison peut se produire. Il est probable qu'il y aura des hauts et des bas, mais dans l'ensemble, l'information reçue peut être assimilée et gérée efficacement. Des expériences passées ou présentes non résolues peuvent se présenter spontanément et se mixer à des émotions intenses et demander une attention immédiate. La manifestation énergétique peut être un souvenir symbolique, archétypal, mystique ou divin par nature. Cela peut survenir dans des moments totalement inopportuns – dans le bus ou au supermarché. L'épisode passe, mais le problème non résolu reste, réprimé jusqu'à la prochaine fois qu'il surgira ou explosera dans la conscience.

Dans le but d'explorer et transformer les problèmes non résolus, un environnement sûr peut être créé et utilisé. Plusieurs professionnels de l'énergie utilisent un *endroit sûr* pour leur propre travail. Il présente plusieurs options d'utilisation et des avantages au delà de l'urgence spirituelle. Durant de nombreuses années, j'ai utilisé mon propre endroit, une prairie avec un chêne, pour procéder en toute sécurité au travail énergétique et aux canalisations d'êtres de lumière élevés.

Dans les cas d'urgence spirituelle grave et prolongée, ceci pourrait ne pas être faisable. Il est possible que la personne n'ait pas la capacité énergétique de créer un endroit sûr ou qu'elle ne puisse pas maintenir un contrôle sur cet endroit. Les Grof ont travaillé pendant des décennies sur des cas extrêmes d'urgence spirituelle et conseillent de suspendre tout travail énergétique. Ils recommandent de laisser ce qui se produit s'exprimer totalement aussi longtemps que cela dure pour arriver au bout de l'expérience plutôt que de la réprimer. Comme cette approche demande du soutien, ils aimeraient que des unités de soins ouvertes 24h sur 24 prennent soin des besoins basiques de la personne et de sa sécurité pour la durée de l'épisode qui peut durer des jours ou des semaines à ce niveau de sévérité.

Créer un endroit intérieur sécurisé

Ceci est effectué lors d'une séance individuelle avec le but clairement expliqué au client, de créer un endroit intérieur sécurisé, où il peut se relaxer et simplement profiter d'être dans un environnement calme et tranquille, qu'il pourra utiliser ultérieurement pour du travail énergétique et de thérapie. Je préfère utiliser une visualisation guidée, bien que l'hypnose avec une introduction kinesthésique d'incorporation, incluant des suggestions directes et indirectes relatives à l'ancrage et la protection fonctionne aussi bien. Un état de transe léger est suffisant.

Pour ceux qui connaissent la visualisation guidée, vous pouvez utiliser cette méthode en décrivant un beau tableau relaxant pour votre client. Assurez-vous que vous incluez la respiration et la relaxation, l'ancrage de l'énergie par les plantes des pieds et la base de la colonne vertébrale, et, la protection sous la forme d'un coussin de lumière autour de la personne. Connectez la à son être intérieur et à la terre avant de continuer le voyage vers l'endroit intérieur de son choix.

L'endroit sécurisé devrait idéalement se trouver dans la nature. Le client peut avoir déjà une idée de cet endroit, comme une plage tropicale ou une clairière dans les bois peut-être. Cela peut changer durant la séance ; il faut donc s'adapter, suivre l'imagination de la personne et ce avec quoi elle se sent confortable. Lorsqu'elle a trouvé cet endroit, ajouter toutes les vues, les sons, les textures et les arômes ; mobilisez tous ses sens, encouragez la à les ressentir à ce moment, complètement. Laissez tout le temps nécessaire pour que toutes les caractéristiques et les qualités de son endroit sécurisé prennent forme. Insistez sur le fait que ce lieu est sûr et protégé tandis que la personne l'explore plus avant.

Je demande aux clients de créer deux endroits. Le premier est un endroit de guérison. Cela peut être une grotte de cristal ou un lac de guérison ou ce qu'ils souhaitent. Le second est un sanctuaire. Cela peut être sous la forme d'un simple cercle de pierres ou un temple élaboré, mais à nouveau, quoi que le client crée et pense le plus approprié pour lui marchera le mieux. Pendant cette séance, la personne peut explorer et profiter des énergies positives de ces endroits. Dans le futur, elles seront des outils utiles : l'endroit de guérison a un but évident, le sanctuaire est utile pour la contemplation intérieure et la compréhension. A cause de la nature de l'urgence spirituelle, cet endroit devient un filet de sécurité, une retraite sûre et paisible si une expérience devient accablante.

Une fois que l'endroit intérieur est défini, j'aime ajouter une couche supplémentaire de protection et de sécurité. Demandez à la personne de visualiser ou de sentir un dôme protecteur qui part de la terre, s'élève très haut et entoure son endroit sécurisé d'une capsule protectrice. L'intention est que seulement l'énergie qu'elle invite puisse entrer dans l'endroit sécurisé. Si la personne a déjà pratiqué avec la bulle de protection, elle trouvera relativement facile de créer le dôme.

Après la séance, le client peut, s'il le souhaite, dessiner ou écrire pour décrire l'endroit sécurisé, pour se souvenir des détails ultérieurement. Plus l'endroit sécurisé est revisité, plus il devient vrai énergétiquement. Si c'est nécessaire, je fournis un enregistement de la séance pour que le client s'en serve à la maison et je l'encourage à pratiquer l'utilisation de l'endroit de guérison et du sanctuaire quelques minutes par jour.

L'utilisation de l'endroit sécurisé en travail énergétique et thérapeutique

Les frontières énergétiques sont renforcées par l'utilisation de l'ancrage, de la protection et de l'endroit sécurisé et ceci permet à l'exploration et au travail thérapeutique de prendre place ou de reprendre.

Grâce à l'endroit sécurisé, l'inconscient peut doucement porter à l'attention des problèmes actuels réprimés. Les clients peuvent souvent obtenir une compréhension profonde simplement en observant ce qui est différent ou nouveau à chaque visite. Par exemple, un objet ou une fleur inhabituelle ayant un sens caché, peut apparaître. Le client peut inviter son moi profond à dialoguer et développer sa compréhension.

En thérapie, l'endroit sécurisé devient un point d'entrée pour tout travail. Je conduis les libérations d'entités, les guérisons et les séances de thérapie de régression efficacement et sûrement de cette manière, avec ceux qui consultent pour une urgence spirituelle. Nous pouvons continuer à exprimer, explorer transformer et guérir tout ce qui survient, en utilisant l'endroit sécurisé et ses caractéristiques. Une fois la crise terminée, la pratique spirituelle peut reprendre, de préférence en y incorporant l'endroit sécurisé. De nombreuses personnes aiment aussi à y rencontrer des guides spirituels et des animaux totem.

Etude de cas — Mélanie

Parfois, une crise peut se produire de manière rapide et dramatique au cours d'un éveil spirituel à priori stable, ce qui fut le cas pour Mélanie. J'étais présente à ce moment et ensemble, nous fûmes en mesure de la stabiliser avant que la crise ne dégénère en urgence totale. Ce fut un cas intéressant car vous pourriez rencontrer un cas semblable avec vos propres clients et en utilisant les techniques immédiatement, on peut dissiper la crise et continuer ensuite la thérapie en toute sécurité.

Lorsque je rencontrai Mélanie pour la première fois, je fus impressionnée par sa vitalité. Elle était incroyablement intelligente avec un esprit ouvert, curieux et avait une soif de connaissances conforme à son métier de professeur. Mélanie avait une forte affinité naturelle et une compréhension de l'énergie. Elle avait écrit un livre au sujet de la guérison du coeur spirituel, basée sur l'intuition, l'inspiration et l'incorporation des dernières découvertes de la recherche scientifique. Elle pouvait lire l'énergie d'une autre personne et identifier les problèmes émotionnels à traiter. Une des raisons pour lesquelles elle s'était inscrite à la formation de thérapeute en régression était qu'elle aimait aider les autres.

Les premiers mois de la formation furent une période de transformation. Elle rencontra d'autres personnes avec qui elle pouvait parler ouvertement de ses capacités ; elle rechercha et développa encore plus sa capacité à canaliser directement des d'informations de haut niveau, en même temps qu'elle put observer les progrès des clients grâce aux nouveaux talents qu'elle avait acquis. Au deuxième module de la formation, elle arriva avec l'intention d'être aussi ouverte que possible aux connaissances, à l'énergie et au processus.

En une précédente occasion, Mélanie avait canalisé sans problème des Etres de Lumières en suivant un protocole strict. Cependant, durant cet atelier, ces Etres se mirent à parler spontanément à travers elle. Elle réalisa qu'elle ressentait les émotions des autres de manière intense et ceci atteignit un sommet, lorsqu'une autre personne du groupe reçut de mauvaises nouvelles. Mélanie commença à trembler et à pleurer de manière incontrôlable, au bord d'une attaque de panique. Elle dit qu'elle ressentait tous les niveaux de douleur et de tristesse la traverser et qu'elle ne comprenait pas ce qui lui arrivait. Avant cela, elle s'était sentie en harmonie et en contrôle parfaits, donc ce qui lui arrivait l'effrayait et la troublait.

A cet instant, Mélanie était passée de l'éveil spirituel à l'urgence spirituelle. Dans le but de m'occuper tout de suite de cette situation, je l'emmenai à l'extérieur, dans la nature et l'aidai à se concentrer sur la pleine conscience, l'enracinement et l'évacuation de l'énergie qui l'affectait. Je lui expliquai la nature de l'urgence spirituelle spontanée et ensemble, nous en envisageâmes les déclencheurs possibles. Mélanie reconnut que son intention d'être complètement ouverte à l'énergie le soir de son arrivée à la formation avait pu y contribuer.

Après avoir travaillé plus avant sur l'enracinement et discuté, nous fûmes d'accord pour faire une séance pour rééquilibrer son champ énergétique et mettre en place un endroit sûr, où un travail de transformation pouvait être réalisé dans un environnement protégé et sécurisé. Je vérifiai s'il y avait une énergie intrusive ou parasite et n'en trouvai pas.

Contenir, enraciner et rééquilibrer son énergie furent immédiatement ressentis par Mélanie. Elle créa son *endroit sûr,* un château, car cela lui apparut comme "fort et sécurisé", et, elle sut intuitivement créer les autres caractéristiques et pouvoirs de l'endroit au fur et à mesure qu'elle s'habituait à l'utiliser.

Ensemble, nous vérifiâmes la protection énergétique que Mélanie utilisait habituellement. Elle fut mise à jour en insistant pour que la protection énergétique soit renforcée dans les jours et semaines à venir.

Voici comment Mélanie parle de son expérience d'urgence spirituelle :

Depuis un très jeune age, j'ai toujours été capable de sentir et de lire les énergies des gens. Je pensais que c'était une chose normale et que tout le monde pouvait le faire. Parfois c'était difficile. Etant une jeune enfant, je ne comprenais pas ce que je lisais car je n'avais pas assez de maturité ou d'expérience de la vie.

Je pouvais aussi entendre une voix dans ma tête, qui me réconfortait en cas de besoin ou me donnait des conseils. Je pensais que c'était étrange et croyais que c'était "ma voix intérieure" qui me parlait, mais les réponses venaient trop vite. Je n'avais pas le temps de les fabriquer et c'étaient des réponses intuitives. Grandir avec cette guidance m'aida dans mes choix de vie.

Ce fut seulement quand ma fille naquit que les choses devinrent plus intenses. Je me mis à lire les énergies de façon plus correcte et à recevoir beaucoup plus d'informations par ma voix intérieure, mais cette fois-ci ce n'était plus seulement pour moi, mais aussi pour d'autres. Je commençai à sentir des présences autour de moi et je pus également voir leur énergie quand je dirigeais mon attention vers elles. Je commençai à avoir des problèmes pour dormir la nuit, car ces présences me réveillaient la nuit, comme pour dire : "Salut, je suis là." Ma fille eut aussi du mal à dormir dès qu'elle fut née. Je savais qu'il y avait autre chose autour de nous car je pouvais le sentir. C'est pourquoi, je décidai de chercher des réponses pour mieux comprendre ce qui se passait.

Je lus plusieurs livres et décidai finalement de suivre une formation en thérapie de régression. Durant ma formation et alors que j'étais moi-même régressée, je commençai à canaliser spontanément un Etre de Lumière et vis mes propres vies passées qui expliquaient mes capacités. Ce fut une expérience intense et qui me submergea. Après la canalisation, lorsque le groupe se réunit, une personne reçut un appel téléphonique avec des nouvelles tristes et alarmantes. A ce moment, nous ne savions pas ce que ces nouvelles contenaient, mais nous entendîmes un cri douloureux. Ce fut également à ce moment, que je sentis la vibration émotionnelle pénétrer la pièce et entrer dans mon corps. Je n'avais aucune maîtrise de la situation. L'émotion prit le contrôle de mon corps et je me retrouvai dans une grande tristesse et ne pus arrêter ce sentiment. Janet, notre assistante de formation, vint vers moi pour me réconforter et tout ce que je pus dire entre deux sanglots fut : "Qu'est-ce qui m'arrive ?!" Janet me demanda de prendre quelques respirations profondes et de laisser ma conscience revenir à la pièce pour réaliser où je me trouvais. Elle tint ma main et me rassura par sa présence, m'assurant que tout allait bien. Nous allâmes à l'extérieur où je pus évacuer l'excès d'énergie et m'enraciner.

Plus tard le même jour, Janet m'enseigna comment bloquer ces vibrations à l'extérieur de mon corps en créant une protection délibérée autour de moi, comme une cape. Je découvris également que j'étais médium spirite (en transe) et que c'était la raison pour laquelle j'entendais des informations. Janet entreprit alors de m'enseigner comment créer mon endroit sûr pour canaliser, où je pouvais converser avec mes guides ou avec des Etres de Lumière. A l'aide de l'hypnose et de ma conscience la plus élevée, je pus créer un château de cristal entouré de très grands murs. Ces murs avaient beaucoup de portes pour laisser passer les énergies, mais j'avais les clés de toutes ces portes et j'étais la seule à pouvoir les ouvrir. La partie la plus élevée de mon esprit participa en renforçant les murs et en créant un dôme au dessus du toit du château, confirmation que mon endroit sûr était complètement sécurisé.

Ces structures m'ont aidé à être en contrôle des énergies et à mieux gérer l'information qui m'était transmise. Janet m'a aidée à me sentir plus capable et à ne pas être effrayée de mes talents, mais plutôt de les accueillir.

L'histoire de Mélanie indique comment une urgence spirituelle spontanée peut être gérée efficacement lorsqu'elle est reconnue à temps. Elle a acquis des connaissances et appris des leçons précieuses de cette expérience. Il est courant que de nombreuses personnes considèrent leur urgence spirituelle comme une partie importante de leur développement et de l'appréciation qu'ils ont de leur nature divine et de l'unité avec tout ce qui existe.

Etude de cas — Daniel

J'ai rencontré Daniel lorsqu'il m'a contactée pour une libération d'esprit intrusif. Nous avons discuté des symptômes qu'il avait depuis quelques temps, qui correspondaient au fait d'avoir un esprit parasite, accompagné d'une dépression, une estime de soi basse, de la colère et de l'anxiété.

Il me fit penser à une âme ancienne. Penseur profond, sensible aux difficultés actuelles du monde et se sentant une grande responsabilité pour aider à résoudre ces difficultés. Cependant, à

19 ans, Daniel n'avait pas beaucoup d'énergie ou d'idées. Il souffrait d'épuisement, de léthargie, de pensées, sentiments et sensations corporelles intrusives, et par dessus tout, d'un sentiment général défaitiste, comme si le poids du monde était devenu trop lourd. Il avait laissé tomber ses études à l'université et était tourmenté sur la direction à prendre, avec peu ou pas d'idées ou de plan. Il ne pouvait pas se concentrer et se sentait généralement confus et triste.

Il avait pris des drogues douces, marijuana et autres. Après avoir commencé à l'âge de 13 ans, il était rapidement arrivé à la dépendance jusqu'à ce qu'il ait finalement arrêté depuis six mois. Il avait également eu un accident de voiture deux ans auparavant, cognant sa tête et fracturant sa cloison nasale. De plus, ses inquiétudes au sujet de la Terre le poursuivaient et l'angoissaient fortement. Dans tout ce qu'il faisait, il s'assurait d'agir de manière aussi écologique et éthique que possible. Cependant, cela ne semblait jamais assez. Il avait des pensées intrusives et répétitives telles que "Je n'en ai pas fait assez ", "C'est trop tard" et "Je ne sais pas qui je suis". Son médecin lui avait prescrit des antidépresseurs pour l'aider.

Durant les premières séances, je libérai une quantité d'esprits parasites et eus à gérer une attaque psychique soutenue, qui durait depuis un certain temps, en provenance d'un ami instable dont la paranoïa provoquée par les drogues l'avait fait se retourner contre Daniel dans les mois précédents. Les symptômes suivants m'amenèrent à penser que Daniel se trouvait probablement en pleine urgence spirituelle :

- Utilisation de drogue depuis l'adolescence, particulièrement le cannabis et le skunk.
- Blessure à la tête.
- Vulnérabilité à l'esprit parasite et une période d'attaque

psychique constante.
- Nature intensément sensible au monde, au mal fait à la planète, mêlé au sentiment qu'il ne pouvait pas faire grand chose pour résoudre les problèmes.
- Une conscience éveillée. Daniel avait tenté des expériences de conscience élargie qu'il avait trouvées sur internet et dans des livres.
- Il était incapable de relier sa vie quotidienne avec tout ce qu'il avait connu lorsqu'il était dans des états de conscience modifiée durant ses expériences. Avec l'attaque psychique en plus, il pensait que c'était trop pour lui et il s'était retiré de la vie et du monde.

Je parlai avec Daniel de la possibilité d'une urgence spirituelle, ce que c'était et pourquoi j'avais l'impression qu'il était en train d'en vivre une. Nous discutâmes de ses expériences, ses pensées et sentiments. Le but des séances suivantes fut de permettre à Daniel d'atteindre un point où son énergie restait stable, où son égo était renforcé et où il pouvait passer à un travail de transformation plus profond par la thérapie de régression en se servant de son endroit sûr.

Les activités pratiquées furent de nettoyer autant d'énergies intrusives que je pouvais à ce moment-là et entreprendre un travail énergétique pour être sûre que l'attaque psychique n'allait pas se renouveler. Puis,*** le focus fut mis sur l'équilibre et la guérison de son corps énergétique. Un endroit sûr fut créé pour lui, afin qu'il l'utilise chez lui et dans les séances suivantes. Nous discutâmes de l'importance et de l'intérêt de l'ancrage et de la protection, et je lui donnai un document qu'il pouvait consulter chez lui pour se souvenir des techniques. Puis, je lui donnai une séance d'hypnose pour alléger le stress et les anxiétés. Lorsqu'il fut stable, une séance de régression fut utilisée au travers de l'endroit sûr.

Daniel vivait assez loin de chez moi, et quand il fut au point où une thérapie pouvait être suivie en toute sécurité, je l'adressai à un excellent thérapeute proche de chez lui. Il était content de continuer et consulta également son médecin qui lui prescrivit des séances de psychothérapie. Il fut rassuré de découvrir que toutes ces modalités se complétaient. Après trois séances de régression où furent traités des problèmes non résolus profonds de sa vie courante et de vies passées, et la libération d'une autre énergie parasite cachée, Daniel alla beaucoup mieux.

Son but en thérapie était d'avoir une perspective plus positive, de commencer à prendre des décisions à propos de son futur et de surmonter sa dépression et les douleurs qui se manifestaient dans sa poitrine et sa tête. Après la thérapie, Daniel prit la décision d'aller en Inde et de partir de chez ses parents. Il était clairement en train de tourner une page dans sa vie.

Je vis Daniel au retour de son voyage de transformation en Inde et lui demandai de réfléchir à son expérience en général et comment cela l'avait impacté depuis. Il me fit la réponse suivante :

Lorsque je suis parti en Inde, je n'étais pas encore à cent pourcent présent intellectuellement et je me faisais encore beaucoup de souci. J'ai beaucoup voyagé, visité le Rajasthan, Delhi, Agra, Pushkar, Bombay et Goa. Je travaillais avec des organisations humanitaires pour aider les enfants dans la rue. Je leur enseignais toutes sortes de choses. Ce fut une expérience incroyable et je voudrais maintenant étudier l'Anthropologie au Goldsmiths College, à l'Université de Londres.

Lorsque je suis venu vous voir pour la première fois, j'avais l'impression d'avoir été secoué hors de quelque chose.

Beaucoup de choses remontèrent à la surface et je ressentis une anxiété accablante et mon impuissance à avoir une perspective sur tout cela.

Dès les premières séances, je pus me détacher de tout ça. L'endroit sûr thérapeutique y contribuait. Cela se dissipait doucement après la séance et revenait à la situation initiale, ce sur quoi nous travaillâmes. Je sentis que je pouvais trouver mon chemin autour de l'anxiété et en sortir.

Si je repense aux antidépresseurs et à la thérapie pour mon stress et mes problèmes d'estime de moi, je les vois comme des couches de l'ensemble du processus de guérison. J'ai pu construire une perspective et reconnaître comment différentes choses m'affectent. Cela m'a aidé à voir comment je voulais que ma vie se déroule. La fatigue accablante dont je souffrais a été traitée et également les sensations physiques que j'éprouvais dans ma tête et ma poitrine. Les séances de psychothérapie ont contribué, ainsi que le travail fait avec vous, à parler de ma famille et à m'ancrer dans la réalité.

J'ai particulièrement apprécié les exercices de protection et les connaissances que vous m'avez transmises sur l'énergie et les croyances new age. Je peux utiliser les techniques, de façon à me protéger durant ma vie de tous les jours. Je voudrai vous remercier pour toute cette aide, maintenant que le travail est terminé avec vous la thérapie de régression. Je n'ai pas rencontré d'autre problème avec des esprits parasites ou autres.

Le cas de Daniel illustre combien une urgence spirituelle peut stopper la vie d'une personne d'avancer. Ses expériences du monde devinrent si écrasantes que son instinct de survie lui dicta de se cacher de tout pour éviter plus de problèmes. Il était attaqué énergétiquement, ce qui amplifiait son problème. Son passé d'usage de drogue prolongé, sa nature sensible, sa vulnérabilité aux énergies parasites et sa blessures à la tête ont également contribué au problème. A ce moment-là, il entrait dans des états altérés de conscience, sans supervision et les problèmes personnels non résolus ont créé un mélange pour un éveil spirituel, mais aussi pour une urgence spirituelle. Il y a souvent une frontière très fine entre la fragilité naturelle d'une personne et les sentiments profondément déstabilisants et les pensées qui indiquent qu'une urgence spirituelle a lieu.

Souvent, les personnes qui expérimentent une urgence spirituelle sont sous médicaments, habituellement des antidépresseurs. Bien qu'ils n'aident pas au travail thérapeutique, il est conseillé au client de garder les médicaments tant que le client et le médecin les jugent nécessaires et réduire leur dose au meilleur moment, sous la supervision du médecin. Toutes les techniques d'ancrage, de pleine conscience, de protection et la création d'un endroit intérieur sûr peuvent être utilisées avec ceux qui sont sous antidépresseurs légers à modérés.

Le travail de Daniel avec différentes modalités et différents thérapeutes l'a aidé à atteindre le moment où il a repris sa vie en main, tout en permettant à sa conscience éveillée de s'épanouir.

Etude de cas – Nico

Nico m'a été adressé à la suite d'une expérience effrayante où il a eu l'impression inquiétante de perdre la boule et pendant laquelle il a fait l'expérience lucide d'être Jésus en train d'être crucifié. Il était conscient de l'intensité et de la nautre psychotique de cet incident qui a eu lieu durant une période d'expériences moindres, mais tout aussi perturbantes qui pouvaient être le signe d'un début de psychose. Il était très inquiet, à juste titre et un peu plus qu'effrayé.

En discutant avec Nico, il fut clair que son éveil spirituel avait commencé à un jeune âge. Tandis que certaines expériences furent positives, son intuition lui avait procuré des révélations et des informations douloureuses à propos des personnes les plus proches de lui. En conséquence, il oscilla, comme pas mal de gens sur leur chemin spirituel, entre acceptation et blocage.

Une quantité importante d'incidents et de problèmes dans la vie de Nico le conduisit à suivre une formation dans la thérapie et le conseil. Alors qu'il était un homme d'affaires brillant, il espéra pouvoir garder ses deux univers séparés, d'un côté, le travail et la vie de famille et de l'autre le nouvel univers passionnant de révélations et de formation. Un conflit interne se déroula sans relâche et il se mit à questionner et reconsidérer en permanence ses propres croyances, même si elles avaient été fermement établies précédemment. Bien que cela fût extrêmement difficile, ce fut également une période de transformations gigantesques pour Nico.

Plus je découvrais son histoire, plus il devint clair pour moi que ce n'était qu'une question de temps avant que quelque chose ne craque. Nico avait subi deux blessures importantes à la tête dans le passé. Il y a de nombreuses preuves de cas rapportés au sujet d'éveils spirituels déclenchés par ce type de blessures, soit qu'ils soient provoqués par le dommage subi par le cerveau ou par le déverrouillage d'un potentiel latent. Quelque soit l'explication, de nombreuses personnes ont relaté avoir eu une expérience spirituelle ou une expansion de conscience à la suite d'un traumatisme à la tête. Son éveil spirituel naturel ayant été à la fois accepté et rejeté à différents moments de sa vie, associé au choc à la tête et une détermination à maintenir sa vie habituelle séparée de tout ce dont il faisait l'expérience, créa un conflit et du stress intérieurs. Quelque chose devait craquer et cela se produisit.

Finalement l'éveil de Nico devint une urgence. Il compartimenta les domaines de sa vie qu'il pouvait contrôler, comme auparavant, mais la nuit, il commença à avoir des rêves effrayants et déconcertants remplis d'informations troublantes au sujet d'évènements à venir, sur lesquels il n'avait aucun contrôle. Il était devenu de plus en plus exposé à des entités parasites et influencé par leurs problèmes non résolus. La gravité de la situation lui devint évidente durant l'épisode intense où il "devint" Jésus sur la croix, moment auquel il me fut adressé.

Durant quelques séances, nous discutâmes de ses expériences, tandis que je lui expliquai et l'informai là où c'était possible, et, plus important, je le réassurai et validai son ressenti, ses pensées et son vécu. L'énergie intrusive fut évacuée et nous travaillâmes sur la gestion de son énergie, en particulier l'ancrage et la protection. La vulnérabilité de Nico aux entités parasites se maintint jusqu'à ce que la majorité de ses problèmes non résolus, les *crochets* énergétiques à l'intérieur de lui, aient été guéris.

Adopter une routine régulière de protection le mit à l'abri des énergies intrusives et des entités parasites. Il est intéressant de noter qu'après que l'énergie de Nico soit revenue à une état d'éveil, il put détecter clairement le moment où une énergie intrusive arrivait à pénétrer son système énergétique. Evacuer les entités parasites et entendre leur histoire apporta des informations clés quant à ce qui en lui avait attiré l'entité si fortement.

Des exercices de gestion de l'énergie furent donnés à Nico avec un document récapitulatif. Les personnes en pleine crise ont du mal à se concentrer et à retenir toutes les informations, c'est pourquoi cela vaut la peine de leur donner des informations écrites auxquelles ils peuvent se référer chez eux. Egalement, les séances initiales furent relativement courtes et rapprochées les unes des autres.

Un endroit intérieur sûr fut créé à l'aide de la visualisation en transe légère, et un enregistrement lui fut donné à utiliser chez lui. La crise d'urgence se calma rapidement et Nico revint à un état d'éveil spirituel en toute sécurité. Les séances de thérapies furent reprises avec l'utilisation de l'endroit sûr pour accéder aux souvenirs des problèmes non résolus. Des périodes difficiles pour Nico suivirent. Un état d'éveil peut être difficile en soi, par la confrontation avec de vieilles croyances, la remise en question de soi et la résistance. Avec les techniques fournies, il fut en mesure d'éviter que l'état d'urgence ne revienne.

Nico dit de son chemin :

Lorsque j'étais jeune, peut être de 12 à 17 ans, je me sentais bien d'être juste vivant et j'avais l'habitude de faire quelque chose que j'appelais "babiller". C'était une sorte de langage de bébé dépourvu de sens, mais lorsque je le parlais, je me sentais euphorique. Je faisais cela presque tous les jours. Le sentiment produit était extatique, semblable à une libération d'endorphines après de l'exercice physique. Je réalisai que ce babillage avait une structure tandis que de nombreux sons étaient répétés. Le sentiment d'euphorie était si fort que je souhaitais seulement que ça continue, mais je ne pouvais pas le provoquer. C'était un mécanisme spontané. Ceci stoppa après un incident où j'eus l'impression d'avoir commis quelque chose de contraire à mes valeurs (contre Dieu) et ne revint plus jamais. Je réalisai plus tard que ce babillage était "parler en langues", bien qu'à ce moment-là, je ne m'intéressais qu'au sentiment d'euphorie procuré. Lorsque cela cessa, je me dis que c'était parce que je n'étais plus assez pur pour le recevoir.

Un peu plus tard dans ma vie, alors que j'entretenais une liaison passionnée, je me reveillai une nuit avec la certitude que ma petite amie avait fait quelque chose de fâcheux. La nuit suivante, lorsque je la vis, elle avoua. Malgré ceci, nous continuâmes à nous fréquenter, jusqu'au lendemain d'un jour où elle avait eu un dîner avec des collègues de travail. Pour une raison quelconque, je posai la main sur le toit de sa voiture et instantanément je sus qu'elle avait eu une relation sexuelle avec une autre personne dans la voiture, ce qu'elle confirma plus tard. Je me mis à rationaliser en me disant que c'était peut-être une odeur ou autre chose qui m'avait mis sur cette piste, mais je coupai consciemment ce qui à l'intérieur de moi m'apportait ces informations car elles étaient trop pénibles. J'avais, quelques temps auparavant, souffert d'une grave blessure à la tête, ce qui m'avait rendu plus dépendant en termes de personnalité. J'eus l'impression que j'avais perdu une partie de mes capacités mentales, qui avaient été jusque là un avantage énorme dans ma vie. Jusqu'à ce moment, j'avais obtenu tout ce sur quoi j'avais porté mon attention et j'avais toujours pensé que tout arrivait pour les meilleures raisons. Il y avait une petite possibilité pour que l'accident qui avait résulté en ma blessure à la tête ait été causé délibérément par une autre personne. Mes pensées changèrent pour une perspective plus négative et, après cela, je commençai à me méfier des gens plutôt que de regarder ce qui était bon en eux, comme je le faisais auparavant.

L'évènement majeur suivant fut un accident de voiture, où je subis à nouveau une blessure grave à la tête. Durant l'accident, je fus coincé avec des émissions de fumée et pensai que j'allais mourir. Il s'ensuivit un stress post-traumatique. Pour ce problème, j'eus des séances de thérapie cognitivo-comportementale, qui me menèrent ensuite à une formation en aide psychologique, qui, à son tour, me mena à une formation en thérapie. La thérapie cognitivo-comportementale m'aida suffisamment pour que je puisse fonctionner durant la vie normale de tous les jours, mais, je ressentis, pareillement à la première blessure à la tête, que j'en étais ressorti avec un désavantage pour le reste de ma vie. Durant le premier cours de formation, le formateur me guérit de la claustrophobie causée par l'accident, en utilisant la thérapie de régression. La différence majeure était que la thérapie cognitivo-comportementale m'avait aidé à contrôler et à supprimer les symptômes, tandis qu'en une séance de régression la cause initiale du problème fut transformée et l'énergie fut dispersée. Les conséquences sur ma vie furent instantanées. Alors que je rentrai en voiture à la maison après la séance, je réalisai que je n'étais plus aussi nerveux que je l'étais auparavant, et lorsque j'eus à subir un IRM, je me sentis à l'aise au lieu de piégé dans le tube dans lequel on entre pour l'examen. En fait, en tant que conducteur qui fait plus de 60 000 kilomètres par an, ce fut une révélation énorme et une libération. Ce ne fut pas seulement la claustrophobie qui fut traitée, mais également d'autres problèmes commencèrent doucement à se résoudre d'eux-mêmes.

A ce moment, je commençai à faire l'expérience de nombreux rêves inhabituels et très vivaces. Certains étaient plaisants, mais d'autres avaient l'air de vies passées ou de rêves prophétiques. Beaucoup étaient plutôt horribles. L'un d'eux revenait, où je me trouvais à la cafétéria sur un bateau avec une énorme vague d'au moins 40 mètres de haut qui arrivait, et dans un autre, je me trouvais dans un accident de voiture. Il devint évident que j'avais récupéré une autre entité parasite qui était morte dans un accident de voiture et que j'avais attiré lors de l'expérience de vie passée.

Je résistai encore à l'idée d'énergies en dehors de moi et en conséquence je devins plutôt perturbé par mes expériences et soucieux quant à mon état mental.

Durant cette période, les visions nocturnes devinrent très importantes et quelque fois très déplaisantes. Je n'avais vraiment aucun contrôle sur elles, comme je pourrais l'avoir sur des rêves normaux. Tandis que certaines avaient l'air de vies passées, beaucoup d'entre elles concernaient des désastres mondiaux et des catastrophes. Une insomnie sévère commença à affecter ma vie quotidienne et mon appréciation de ce qui se passait.

Ce manque de contrôle culmina lors d'une expérience où j'arrivai spontanément dans une scène où j'étais Jésus en train d'être crucifié. L'expérience fut totalement accablante et il y eut une peur instantanée de me perdre dans cette vie passée pour de bon. L'expérience fut très vive, comme si mon être entier était en train d'être absorbé dans ce qui se passait. Contrairement à d'autres expériences de vies passées plus modérées, celle-ci me dépassa complètement, me remplissant de prémonition et d'angoisse. Je ressentis que l'énormité de ce que j'avais à accomplir était écrasante et me conduisait à la limite de la folie. Je sentis que je devais arrêter ce processus ou me perdre totalement et définitivement. Je me trouvai alors dans un état où j'étais à moitié dans l'expérience et à moitié à lutter pour retrouver ma santé mentale.

Cette expérience eut lieu dans la soirée et j'eus peur d'aller me coucher de peur de perdre tout mon être. Ayant étudié la thérapie conventionnelle, je pouvais facilement me diagnostiquer comme glissant dans une psychose avec un dédoublement de la personnalité. Je me sentis sur le bord de la folie à ce moment. Je devais me cacher du monde et je ne pouvais certainement pas consulter mon médecin car j'avais trop peur du diagnostic traditionnel et pensai que je pourrais être interné en hôpital psychiatrique. Le sentiment le plus étrange fut que durant la journée, je me comportai comme un homme d'affaires normal, fonctionnant avec mes relation, les tâches à accomplir, les factures et la routine quotidienne. Dans la soirée, je faisais l'expérience d'une personne qui luttait pour retenir un sens de la réalité.

Heureusement, à cette époque j'ai commencé à travailler avec Janet qui avait elle-même fait la même expérience et m'enseigna un certain nombre de techniques qui m'aidèrent à stabiliser ce que je vivais, me permettant de contrôler les hallucinations nocturnes et les entités parasites cherchant refuge auprès de moi. Les techniques n'étaient pas difficiles à apprendre ou appliquer. La création d'un endroit sûr à l'intérieur de moi me permit de continuer les séances de thérapie en toute sécurité et je reçus le conseil de m'en servir également pour méditer.

Ceci m'aida énormément. Les expériences inhabituelles que j'avais eues pendant des années furent décrites comme un éveil spirituel. Celles-ci s'étaient intensifiées dans le temps pour devenir une urgence spirituelle. Avec l'urgence sous contrôle, la crise fut dépassée et je pus continuer ma vie quotidienne et les séances de thérapie comme je le souhaitais. Depuis cette époque, je n'ai plus eu d'épisode psychotique. Je lutte encore avec les nouveaux aspects de ma vie, ma personnalité et toute la dimension qui s'est ouverte à moi. Mais je considère que c'est plus une aventure que quelque chose que je dois subir.

Ensuite, j'ai pris une décision historique. J'ai décidé de devenir plus ouvert à ma dimension spirituelle. Après ce moment, les choses ont commencé à changer au delà de toute espérance. Le changement a été très profond et difficile à bien des égards. Plusieurs domaines que je considérais comme établis pour la vie se sont effondrés. Pas mal de vieux domaines de ma vie sont en train de disparaître et d'autres qui étaient insignifiants ou en arrière plan sont devenus prioritaires. Ce changement a été douloureux à l'occasion et je pense qu'il y a encore beaucoup à accepter. Je réalise que j'ai cette caractéristique éveillée dans ma nature et, dans le temps, je me suis réconcilié avec elle et apprends à la voir sous un jour positif.

Dans le cas de Nico, le renforcement de l'égo, la validation des expériences et la pédagogie furent clé dans sa transformation, ainsi que la création de l'endroit sûr pour contenir ses expériences transpersonnelles et sa guérison. Cela montre à quel point un éveil peut se changer dans le temps en urgence en raison de différents facteurs. Pour Nico, ce fut une ouverture naturelle et une capacité médiumnique depuis l'enfance, des blessures à la tête qui ouvrirent une conscience parapsychique, un éveil produit par sa propre guérison, le stress de conserver sa vie compartimentée et sa résistance à des opinions et des croyances nouvelles et contradictoires.

Ce qui a déclenché l'urgence n'est pas clair, mais Nico retourna assez rapidement à l'état plus sûr d'éveil. Bien que beaucoup plus stable l'état d'éveil est changeant par nature. Nico mentionne qu'il a depuis "pris la décision historique de devenir plus ouvert au côté plus spirituel de la vie". Nico et tous ceux qui sont comme lui, peuvent continuer leur chemin en toute sécurité, avec compréhension, thérapie si besoin et une acceptation de la partie spirituelle et énergétique très réelle de leur nature et de leur vie.

ET APRÈS ?

Le but est sans aucun doute que l'urgence spirituelle relâche son emprise et de revenir à un éveil spirituel équilibré. Pour certains cela peut arriver rapidement et facilement, en employant les techniques et les suggestions fournies, particulièrement si cela se passe rapidement, comme dans le cas de Mélanie. Pour les autres cela peut prendre plus de temps. Il y a souvent une frontière très mince entre acceptation et le souhait que tout cela s'en aille tout simplement, comme illustré dans le cas de Nico. Et puis, il y a ceux qui ont émergé des abîmes du désespoir, à peine reconnaissables tandis qu'ils relèvent de nouveaux défis passionnants et vivent une nouvelle vie, comme Daniel. Surmonter l'urgence spirituelle n'est pas la fin de l'histoire ; pour tous ceux qui l'ont traversée, c'est juste le début. Tout comme la nuit est la plus noire juste avant l'aube, vaincre l'urgence spirituelle annonce l'aube d'une nouvelle façon d'être et de vivre.

Enfin, quelques astuces pour les clients qui ont surmonté une urgence spirituelle. Pour ne pas que cela se reproduise, ils doivent prendre soin de leur corps physique et énergétique, créer un environnement sain dans lequel ils peuvent vivre leur vie en s'exprimant de façon créative pour permettre à l'énergie de sortir, de n'importe quelle manière qui leur convient, que ce soit l'art, l'écriture, la danse ou n'importe quel autre moyen. Ils ont besoin de continuer la thérapie si besoin, en surveillant les signes annonciateurs et être prêts à traiter les problèmes avant qu'ils n'émergent.

Un thème commun parmi ceux qui ont surmonté une urgence spirituelle est le désir de servir et d'utiliser leur expérience pour aider les autres. Accepter et comprendre le rôle important que l'urgence spirituelle a joué dans ma vie est devenu un élément clé pour dépasser les jugements et me permettre d'utiliser ce talent pour aider les audres. Le talent a été d'apprécier le fait de faire partie d'un tout infini et merveilleux, et de comprendre l'immortalité de notre être profond, l'âme. Je me sens bénie d'avoir survécu à cette expérience, et le chemin entrepris m'a tellement appris. Je travaille dur chaque jour à ne pas oublier les vérités fondamentales de notre âme.

Le périple du héros de notre époque

L'urgence spirituelle a été assimilée au périple du héros des mythes et légendes. Les différentes étapes symbolisent celles vécues durant la crise d'éveil spirituel. Chaque histoire commence avec le monde quotidien ordinaire et puis, arrive l'opportunité de l'aventure. Un évènement a lieu qui déclenche le besoin de commencer le périple, bien que la peur de l'inconnu ou des dangers puisse mener à un refus d'aller de l'avant. Durant le périple le héros acquiert un mentor qui lui donne les talents et la confiance pour franchir le premier obstable. Sur la route, notre héros fait face à des tests, des amis et des ennemis. Finalement, le héros arrive à destination et a une épreuve ultime à passer pour gagner le prix qu'il désirait. Le héros s'en retourne, fait face à quelques défis sur le chemin et rentre chez lui à l'abri avec le prix gagné. Il peut souhaiter le partager avec les autres pour qu'ils en bénéficient. Le héros pourra avoir besoin d'un temps d'adaptation une fois que la joie et l'enthousiasme du retour se sont dissipés. Son pays peut lui sembler très différent ; il n'a pas changé, mais le héros, lui, a changé. Il aura peut-être besoin de s'adapter à vivre à nouveau en société.

Une urgence spirituelle peut avoir la même narrative, bien que ce soit l'intensité et le manque de contrôle sur le périple ainsi que ce qui se trouve dans le futur qui sont différents dans la crise. Pour la représentation et le symbolisme de chacun des douze éléments du périple du héros, Catherine Lucas, la fondatrice du UK Spiritual Crisis Network, consacre un chapitre à son importance dans son livre *In Case of Spiritual Emergency* (non traduit en français).

SOMMAIRE DES TECHNIQUES

- Normalisez l'expérience de crise. Rassurez et expliquez les états altérés de conscience.

- Interrompez toutes les pratiques spirituelles et les états altérés de conscience jusqu'à ce que l'état de crise soit stabilisé.

- Retirez les énergies intrusives quand cela est possible en utilisant des techniques qui ne demandent pas la participation active du client.

- L'enracinement est crucial lorsqu'on a affaire à une urgence spirituelle. Encouragez l'utilisation régulière d'exercices d'ancrage en pleine conscience, de préférence quotidiennement, et certainement à chaque fois que vous avez l'impression que la personne n'est pas connectée à la réalité ou que vous sentez qu'une expérience indésirable arrive.

- Soyez conscient que certaines personnes peuvent trouver difficile de s'ancrer au départ, ou peuvent même résister activement à ce processus.

- Durant la crise spirituelle le corps énergétique est plus sensible et vulnérable aux énergies intrusives. La protection énergétique est vitale pour empêcher l'énergie intrusive d'entrer dans le champ énergétique, de l'affaiblir et de ralentir les progrès.

- Ouvrir et fermer sa conscience énergétique délibérément ne devrait être tenté que durant les périodes stables. Il faut insister sur le besoin de se fermer autant que possible durant les épisodes de crise spirituelle.
- Créez un Endroit Intérieur Sûr pour renforcer l'égo et comme "contenant" sécurisé pour la méditation, la thérapie et toutes sortes de travaux énergétiques, une fois que l'état d'urgence spirituelle est stabilisé.

- Permettez aux éléments inconscients ayant une charge émotionnelle forte de remonter à la conscience. Ceux-ci peuvent être explorés, guéris et transformés d'une façon sûre une fois que la la crise énergétique est stabilisée et que les techniques ont été mises en place.

A PROPOS DE L'AUTEUR

Janet Treloar Dip Hyp, Dip RTh, SAGB app, SRF accrd.

Janet a fait l'expérience de sa propre urgence spirituelle lorsqu'elle était adolescente. L'impact dramatique que cet épisode a eu sur sa vie s'est transformé en passion d'aider ceux qui passent par des crises énergétiques. Elle est qualifiée en Guérison Spirituelle, Libération d'Entités, Thérapie de Régression, Thérapie de Régression dans la Vie entre les Vies, Hypnothérapie et, est une formatrice certifiée pour la *Past Life Regression Academy*. Janet donne des conférences et des ateliers internationaux sur plusieurs sujets y compris l'urgence spirituelle. Pour plus d'informations, visiter son site internet : www.planet-therapies.com ou la contacter à son adresse mail : janet@planet-therapies.com.

Références

1. Grof, Christina & Stanislav, *A la recherche de soi*, Editions du Rocher, 1996.
2. Allen, Sue, *Spirit Release: A Practical Handbook*, O Books, 2007.
3. Lucas, Catherine, *In Case of Spiritual Emergency*, Findhorn Press, 2011.
4. De Alberdi, Lita, *Channelling; What it is and how to do it*, Piatkus, 1998.

Bibliographie

Thérapie de régression

Churchill, R., *Regression Hypnotherapy – Transcripts of Transformation*, Transforming Press, 2002. Ce livre contient du matériel éducatif et la transcription intégrale de séances de thérapie de régression, pour différentes consultations telles que phobies, deuil, manque de confiance en soi, sabotage de sa réussite, relations difficiles, relations abusives et peur de l'abandon. C'est un excellent guide pour les débutants mais également utile pour les thérapeutes expérimentés. Non traduit en Français.

Ireland-Frey, L., *Freeing the Captives*, Hampton Roads Publishing Company, 1999. Etudes de cas sur la thérapie de libération d'entités, présentées d'une manière très intéressante et agréable à lire. Le livre fournit des idées claires sur comment gérer les énergies intrusives de manière clinique et rapproche la pratique de l'hypnothérapie et de la thérapie de régression un peu plus près du modèle holistique de la santé physique, mentale, émotionnelle et spirituelle. Non traduit en Français.

LaBay, M.L., *Past Life Regression – A Guide for Practitioners*, Trafford Publishing, 2004. Ce livre explique et illustre l'utilisation de la thérapie de régression dans le vies passées dans le cadre général de la thérapie et la manière de découvrir une connaissance plus complète de sa personnalité et son propos de vie. Le livre présente la théorie lors de passages courts, avec des cas d'étude intéressants. Non traduit en Français.

Tomlinson, A., *Guérir l'Âme Éternelle*, From the Heart Press, 2015. Une référence absolue dans le domaine de la thérapie de régression. Andy relate en détail sa riche expérience et illustre ses idées et techniques de cas concrets. C'est un livre fondamental pour tout prticien en thérapie de régression et qui captivera tout lecteur intéressé en la matière. Disponible en Français courant 2016

Woolger, R.J., *Other Lives, Other Selves*, Bantam Books, 1988. Livre au sujet de la transfomation personnelle par la thérapie des vies passées. Il tisse la psychologie de la réincarnation avec la découverte des mémoires les plus secrètes des patients pour expliquer comment les problèmes ramenés de leurs vies passées peuvent être traités et surmontés. Sont inclus dans le texte les principes de la psychanalyse jungienne. Traduit en Français sous le titre : "A la recherche de nos vies antérieures".

Woolger, R.J., *Healing Your Past Lives*, Sounds True Inc., 2004. Ce livre court fournit une série de cas intéressants qui illustre le pouvoir de découvrir des vies passées dans le processus de guérison. Il donne une perspective sur le fait que les symptômes dans la vie courante pourraient être liés à ce qui s'est passé dans une vie passée et des souvenirs figés. Il donne aussi aux lecteurs une clé pour résoudre les mystères et questions avec lesquelles ils luttent dans leur vie courante. Non traduit en Français.

INTÉGRER ET ALLER DE L'AVANT

Carter, R., *Mapping the Mind*, Orion Books, 2003. Ce livre de neuropsychologie illustre le lien entre le cerveau et la psychologie. Il permet aux lecteurs de visualiser ce qui se passe dans les différentes parties du cerveau et le lien avec les différents comportements. Il comporte de très belles illustrations et des

Bibliographie

sommaires complets, faciles à lire, des fonctions de toutes les parties du cerveau, des anecdotes extraordinaires et des images qui fascineront le lecteur du début à la fin. C'est un livre simple sur un des sujets les plus complexes. Traduit en Français sous le titre : "Cartographie du cerveau".

Gerber, R., *Vibrational Medicine for the 21st Century*, **Inner Traditions, 2000.** Ce livre a été nommé meilleur ouvrage de présentation des méthodes complètes de guérison. Le Dr Gerber explique de manière succinte et efficace à la personne courante les différents aspects par lesquels l'être humain est bien plus qu'une machine biologique. Il décrit la relation intégrale entre notre corps et notre esprit, et que lorsque le niveau d'équilibre de notre énergie/corps émotionnel est perturbé, des changements physiques se produisent et des faiblesses s'installent qui contribuent à la maladie. Le Dr Gerber présente des preuves scientifiques de cas d'études qui démontrent l'efficacité d'une combinaison de la médecine moderne avec des traitements médicaux alternatifs. Non traduit en Français.

Techniques qui renforcent le client

Friedberg, Fred, *Do-it-yourself Eye Movement Technique for Emotional Healing*, **New Harbinger Publications, 2001.** Excellent livre qui explique clairement comment utiliser la technique révolutionnaire de l'EMT (technique des mouvements oculaires) pour soulager rapidement dans les cas de stress, en utilisant une combinaison de tapotements et de mouvements oculaires. Non traduit en Français.

Parnell, L., *Tapping In – A step-by-step guide to activating your healing resources through bilateral stimulation*, **Sounds True, 2008.** Ce livre explique clairement la technique facile à utiliser des tapotements ressources liée à l'EMDR - comment accéder et puiser dans les ressources positives. Non traduit en Français

CONTRATS ET MISSION D'ÂME

Baker, L., *Soul Contracts: How They Affect Your Life and Your Relationships*, Universe, 2003. Excellent livre qui aide à comprendre la vérité sur les raisons se trouvant derrière la vie que vous avez choisi de créer et d'expérimenter. Il est rempli d'histoires personnelles qui sont profondes, mais faciles à comprendre et à ressentir. Ce livre va toucher votre âme. Non traduit en Français.

Jenkins, P.W., Winninger, T.A., *Exploring Reincarnation*, Celestial Voices, 2011. Un livre canalisé par les maîtres ascensionnés qui expliquent comment en tant qu'âmes, nous choisissons une série de vies humaines pour apprendre des leçons et acquérir des connaissances. Non traduit en Français.

Jenkins, P.W., Winninger, T.A., *Talking with Leaders of the Past*, Celestial Voices, Inc., 2008. Cinquante de nos leaders mondiaux décédés parlent de leur contrat d'âme en utilisant une médium. Ce livre fascinant et instructif examine les contrats qu'ils ont élaborés avant de naître et les leçons qu'ils ont apprises. Non traduit en Français.

Lawton, I., *The Big Book of the Soul*, RS Press, 2010. Ce livre contient, entre autres, une analyse détaillée de la recherche faite par les pionniers de la régression entre les vies, comme Joel Whitton, Michael Newton, Edith Fiore, Helen Wambach, Peter Ramster et Dolores Cannon, et de leurs précurseurs canalisés qui remontent au milieu du 19ème siècle. Il nous fournit également une analyse de ce que ces preuves signifient dans la perspective que nous avons de notre vie. Non traduit en Français.

Bibliographie

Lawton, I., and Tomlinson, A., *The Wisdom of the Soul*, **RS Press, 2010.** Dix excellents sujets de régression dans la vie entre les vies sont connectés avec leurs Anciens et posent les mêmes questions, couvrant des sujets aussi variés que les énergies parasites, les esprits de substitution (âmes qui pénètrent et occupent le corps d'une autre personne), le but de la réincarnation, les anciennes civilisations telles que l'Atlantide et la signification du temps. Leurs réponses sont alors analysées pour mise en cohérence. Non traduit en Français.

Myss, C., *Contrats Sacrés,* **A+A, 2010.** Caroline Myss a mis au point un moyen ingénieux de déchiffrer vos propres contrats, pour vous aider à comprendre pourquoi vous êtes sur terre, quelles sont vos leçons et qui vous devez rencontrer.

Newton, M., *Souvenirs de l'Au-Delà,* **Le Jardin des Livres, Intemporel, 2007.** Ce livre est basé sur les récits de 29 personnes ayant fait une régression dans la vie entre les vies. C'est un ouvrage pionnier important sur les contrats d'âmes et une référence dans la cartographie des dimensions spirituelles.

Newton, M., *Journées dans l'Au-Delà,* **Le Jardin des Livres, Intemporel, 2009.** 67 nouveaux cas de vies entre les vies, exploration approfondie, dans l'émerveillement des dimensions spirituelles, ce livre ouvre notre compréhension de l'incroyable sens de l'ordre dans l'après-vie.

Schwartz, R., *Ames courageuses,* **Editions Hélios, 2009.** Une excellente exploration en profondeur des raisons pour lesquelles nous nous incarnons, choisissons nos parents et nos leçons de vie au travers de dix études de cas fascinantes.

Tomlinson, A., *Explorer l'Ame Eternelle,* **From the Heart Press, 2012.** Andy conduit le lecteur au-delà de l'expérience de la mort et donne une explication extensive et détaillée à propos de la thérapie de régression dans la Vie entre les Vies. Le contenu est structuré de manière à ce qu'il soit facile de suivre et de comprendre ce qui se passe. C'est un livre vivement recommandé pour comprendre nos choix de vie, mais également pour lecteurs curieux de savoir ce qui se passe après la mort. Disponible en Français courant 2015

GUÉRIR L'ENFANT INTÉRIEUR

Bays, B., *Le voyage de guérison*, **Guy Trédaniel Editions.** Il s'agit de l'histoire personnelle de Brandon et de son incroyable guérison après avoir découvert une tumeur de la taille d'une balle de base-ball dans son abdomen. Le livre raconte en détail son travail sur l'enfant intérieur.

Bradshaw, J., *Retrouver l'enfant en soi*, **Les Editions de l'Homme, 2013.** John Bradshaw est un pionnier de premier ordre dans le domaine de la guérison et des familles dysfonctionnelles. Son travail sur l'enfant intérieur est un outil thérapeutique puissant. Ce livre est le premier de plusieurs ouvrages excellents de Bradshaw à ce sujet.

Ford, D., *La part d'ombre du chercheur de lumière*, **J'ai Lu - Aventure secrète, 2010.** Debbie Ford nous conduit sur son propre chemin intérieur et nous montre comment apprivoiser tous les aspects de nous-mêmes, ombre et lumière, pour que nous puissions vivre de manière authentique. Ce livre est l'accompagnement parfait pour ceux qui veulent comprendre en profondeur le travail de l'enfant intérieur et les sous-personnalités.

Ford, D., *Pourquoi j'ai fait ça : Même les gens bien peuvent faire des choses moches*, **Guy Trédaniel Editions, 2011.** Dans ce livre Debbie Ford nous conduit dans le coeur de la dualité et expose brillamment la tragédie du soi authentique divisé. Ceci vous aidera à comprendre en profondeur les raisons pour lesquelles l'enfant intérieur se fige dans le temps.

SURMONTER UNE URGENCE SPIRITUELLE

Grof, C. & S., *A la recherche de soi,* **Editions du Rocher, 1996.**
Livre détaillé et en profondeur sur l'éveil et l'urgence spirituels écrit par le pionnier et autorité de premier rang en la matière. Ecrit dans les années 90, il est encore d'actualité et fournit des informations claires et des conseils dans le domaine flou qu'est la psychose vue de l'angle de la santé mentale ou de celui du transpersonnel.

Lucas, C., *In Case of Spiritual Emergency,* **Findhorn Press, 2011.** Catherine est la fondatrice du UK Spiritual Crisis Network. Elle a vécu une urgence spirituelle intense pendant plusieurs années et ce livre est né de sa guérison et de celles d'autres personnes dans le même cas. Il est bien écrit et documenté avec les dernières informations et conseils destinés aux professionnels de la santé mentale et d'autres qui travaillent dans ce domaine, ceux qui font l'expérience d'une crise spirituelle, leurs amis et leur famille.

Hassed, C. & McKenzie, S., *Mindfulness for Life. How to Use Mindfulness Meditation to Improve Your Life,* **Robinson, 2012.**
La pleine conscience est un élément clé pour faire face et surmonter une urgence spirituelle. Elle peut également être un outil très utile dans la vie de tous les jours et est utilisée de plus en plus dans le milieu médical. C'est un livre complet et facile à lire écrit par deux experts avec des astuces, des exercices

pratiques et des informations résumées à la fin de chaque chapitre. Non traduit en français.

Courteney, H., ***Divine Intervention,*** **Cico Books, 2005.** Hazel est une auteure bien connue dans le domaine de la santé. En 1998, elle a vécu une expérience de mort imminente qui a évolué en une urgence spirituelle dramatique et profonde. Ce livre est le récit direct et fascinant de cette expérience, avec des informations des scientifiques et médecins qui l'ont contrôlée, enregistrée et testée durant la crise et durant son chemin vers la guérison. Un livre source d'inspiration et d'émerveillement. Non traduit en français.

www.ingramcontent.com/pod-product-compliance
Lightning Source LLC
Chambersburg PA
CBHW051939290426
44110CB00015B/2035